河出文庫

被差別部落とは何か

喜田貞吉

河出書房新社

被差別部落とは何か

◉目次

特殊部落の成立沿革を略叙してその解放に及ぶ　13

エタ源流考 86

被差別部落とは何か

＊本書は『民族と歴史』第二巻第一号「特殊部落研究号」（一九一九・七）より、喜田貞吉の文章を翻刻したものである。巻頭の「『特殊部落研究号』発刊の辞」は巻末「編輯雑感」の前に置いた。また、全体に、今日ではあまり使われない漢字は平仮名に改め、難字には適宜ルビを振り、送り仮名も調整した。著者逝去のため、表現等はそのままとした。

特殊部落の成立沿革を略叙してその解放に及ぶ

1　緒　言

私はただ今添田地方局長から御紹介になりました喜田貞吉でございます。本日特殊部落改善救護の事に御熱心な諸君のこの御集まりの席へ出まして、所謂特殊部落の事に関し、不束《ふつつ》かなる研究の一斑を述べさせて戴くの機会を得ましたのは、私にとってまことに光栄であり、かつまた幸福であることと存じます。

大体私は日本の古代史を専門に研究致している者でございまして、その研究上から、日本の民族を明らかにするという必要を感じました結果、近年種々の方面から、広くこの方の材料を蒐集し、不十分ながらも潜心これが調査研究に従事致しているのでありまず。その調査研究の結果は、これまでかねて私どもの仲間で二十年来発行している、「歴史地理」という雑誌上に掲載しておりましたけれども、段々材料も殖えて参りまするし、一方には時勢の要求も多くなりまして、とてもその雑誌上のみでこれを発表する事が出来なくなりました。また該雑誌の性質としましても、民族に関する事ばかりを多く載せるということも、事情が許しませぬ。そこで本年から、その雑誌とは別に、特に民族方面の事を主として掲載する機関と致して、単独で「民族と歴史」という小雑誌を発行する事に致しました。あたかもその際丸山救護課長から、今回の御集まりのあることを承りまして、ただ今この席に於いて、私の民族研究の一部分たる、所謂特殊部落に関した事項を申し述ぶるの機会を得ましたのでありまして、時にとりまして特に私の愉快に感ずるところでございます。

一と口に日本の民族と申しましても、余程漠然たるもので、詳しく申さば沿革上種々の系統、種々の階級にも分れるのでありますが、私の研究はその全体にわたったもので、特に或る一部分の研究にもっぱら没頭しているという訳ではありません。しかしここにお集まりの諸君は、その中について、特に所謂特殊部落、内務省では細民部落と云っておられますところの、或る特別なる一部族について、その改善救護に御尽力をなさいまする御方々でありますから、私も本日は、特にこの方面の事について申し述べさせて戴きたいと思うのであります。

特殊部落の研究は、今日ことにその必要を感ぜられている事と存じます。それはわざわざ私が申し述べずとも、諸君も御同感の事と存じます。御承知の如く、欧州大戦の結果と致して、民族自決とか、人種差別撤廃とか申す事は、全世界の問題となっております。過激思想の波及ということも、世界一般を恐怖させているのであります。この際に於いて、これを内にしては昨年の米騒動という事件もありました。それ以来この特殊部落の問題は、余程一般社会の注意を引く事になっていると存じます。私はこの部落民が、果して多く米騒動に関係した事実ありや否やを詳《つまびら》かにしませぬ。しかし仮りに関係があったとすれば、それは幾分彼らの境遇、特に彼らの一般社会に対する反感が、これをなさしめたのでありまして、その原因を尋ねたならば、世人は彼らの暴をのみ憎むよりも、まずこれをなすに至らしめた境遇に同情せねばなりません。そして将来の警戒を考えねばなりません。そこで私は、彼らをこの境遇に陥れるに至った由来を研究して、これが根本的解決を与うるの資料を提供するを以て、我々学徒の任務であり、また今日の急務であると信ずるのであります。

2　特殊部落としての区別撤廃の要求

大体特殊部落という様な、他の社会から区別されたる或る部族が存在しているということは、我が帝国の現行法の上から申さば、まことに妙な現象でございます。しかしながら、多年の因襲というのは強いものでありまして、その結果として、表面には何ら区別はなくとも、内々にはなかなかこの区別が除かれないのであります。特に関西地方に於いて、この傾向が甚だ多く認められるのでございます。これには種々の沿革がありまして、結局彼らは普通一般の人民から除外されるということになっているのでございます。そこで私は、何よりもまずその除外せられるに至った原因を明らかにし、区別のなくなった前例を調査することが、この区別を撤去し、彼らを事実上の自由民たらしむる上に、最も必要なことだと考えております。彼らを改善救済するという事については、官庁に於いてもこれを以て一の事業と致し、或いは社会改良の上に御熱心なお方々、特に彼らの境遇に同情を寄せらるる御熱心な方々の、これに関する御尽力はこれまでも始終あることでありまして、その結果として彼らは、過去に於いて既に余程改善せられたのでありましょうし、将来に於いてますます改善せらるべきものであることは、断じて疑わぬのでありますが、果してそれが改善されたとしても、やはり「改善されたる特殊部落」として、相変らず区別せられている様ではよろしくない。実を言わば一般世間にも彼らに劣らない、或いは時として彼ら以上の低級な境遇にいる者は少くない。また彼らの中にも、立派な生活をなし、立派な人格を備えたものは少からんのであります。しかるに一般世間のその低級者は、その割合に世人から嫌われずして、彼らの中の立派なものまでが、依然として区別されているというのは、一体どうした事でありましょうか。まずこの理由を明らかにしなければ、ただ御規則の上では同一の平民である、一般人民と何ら区別のない帝国臣民であるということをのみ申しましても、実際心の底から打解けて、一般世人が彼らを自分らと同じ仲間に入れるということは、なかなかむつかしいのであります。また彼ら自身に於きましても、自分らが何が故に世人から区別さるるかということが分らずして、世間の圧迫に対していたずらに反感を起し、自暴自棄するということでありましては、到底世間と融和して行くことがむつかしかろうと存じます。もし私に忌憚なく言わせまするならば、特殊部落改善とか、或いは細民部落救護とかいう事業の必要は、もとよりのことではありますが、これにも増して、特殊部落もしくは細民部落の事実上の解放ということが、最も必要なのではなかろうかと思うのであります。明治四年に彼らは制度の上からは解放されました。しかし事実の上ではまだ解放されていないのが多いのであります。この部落に何らかの名称を付けて、これを区別するの必要があるということは、まだ事実上解放されておらぬ証拠であります。しかしてこの区別を立てるということは、彼らが非常に苦痛とするところであります。或いは特殊部落とか、或いは細民部落とか、或いは後進部落・密集部落とか、種々の名前を御考案になる方もありますけれども、到底彼らの満足する名は得られませぬ。本来区別そのものが、まことによろしくないのであります。もとより彼らに何らかの区別を致す必要がある間は、必ず何とか名がなければならぬのでありますが、理想としてはこの区別を撤廃し、実際細民を救済する必要があれば、一般世間の細民と共にこれを救済し、実際不良な点を改善する必要があれば、一般世間の不良分子と共にこれを改善するという風になりたいのであります。そして彼らの仲間であっても、改善救済の必要なきものは、これを除外していることを、明らかに示したいのであります。彼らが区別さるるが為に被る不利益不愉快は実に甚だしいもので、その実際を知ったものは、何人《なんぴと》も同情せずにはおられません。私はこれまでも十数年来特殊民の研究に興味を感じまして、しばしば部落内に出入しておりますが、この際彼らが訴えるところの第一は、願わくば部落民として区別することを止めてもらいたいというのであります。彼らは世間から区別さるるが故に、自ら改善しようとしても、到底改善することが出来ないと訴えております。私の懇意にしている郷里の一部落民は、果物などの行商をしておりますが、彼は私にこう訴えました。自分らは常に農家で品物を仕入れて、それを市街地で売っているのであるが、その品物が潤沢でありさえすれば、一般世間の人々と同様に売ってもくれるけれども、品が少い時には自然に後廻しにされる。そこで勢い競争しても高く買わねば商品が手に入らぬ。しかるにそれを売る場合になると、他に競争者のある時には、いつも後廻しにされる。そこで勢い安く売って得意をつながなければならぬ。高く買って安く売る。これでどうして生活や品性の改善が出来よう。貧乏暮らしもやむをえねば、たまには欺せる場合にお客を欺すという様な不心得者の出るのも、実際やむをえぬ事であると、こう云っております。また或る者はこう訴えます。自分らは営業上他の便利の地に住もうと思っても、土地家屋が容易に手に入らぬ。やっと手に入れたものがあっても近所のものが交際してくれぬから、遂にはもとの古巣に戻って来る。かくて限りある土地に限りなく増殖する人口を容れるのであるから、勢い所謂密集部落ともなるのである。不潔だ不衛生だなどと、贅沢な余裕がどこにあろうと、こう云っております。つまりは区別されるということがひどく邪魔になって、彼らが自ら改善しようとしても、到底改善する事が出来ない、自然と一般社会に対して、その進歩に後れ、反感を有する事ともなるのだと言うのであります。まことにもっともな事で、理論としては全然彼らを解放し、もはや区別の必要のない様にする事には、何人も異議がないでありましょう。

3　名の改良よりも実の改良

彼らの中には、せめて特殊部落とか新平民とかいう様な、いやな名前だけをでも廃してもらいたいと云うものがあります。しかし特殊部落という名称に不都合はない。ただ特殊な部落だという意味から云うと、特殊部落という名称には少しも悪い意味はないのであります。しかし実際上今日では、特殊部落という名称は特殊に卑しめられている部落ということになっております。どうかその名を止めてもらいたいというのは、無理ならぬ事でありますが、これは全く無意味であります。彼らにたとい華族様という名前を付けても、その華族様の内容が実際卑しいものであっては何にもならぬ。先生ということは長者を尊敬する語でありますが、時には「先生と言われる程の馬鹿でなし」ということにもなります。名前は何とあっても同じことでありまして、その内容によって名前の意味は善くも悪しくも変るものであります。貴公とか貴様とかいうことは、この上もなく先方を尊敬した語でありますが、これが安売りせられた結果、今では相手を卑しめる言葉になった。近く封建時代の例を引きますと、武士というものは大そうに威張っておりまして、町人・百姓を虫《むし》けら同様に取扱っておりましたが、その武士はもと何かと申すと、所謂侍《さむらい》である。侍《さむらい》はもと卑しい者でありまして、貴人とか老人とかの側に始終さむらうてこれを保護し、身の廻りの用を達す者であります。今で云えば給仕というのがこれに当る。今は普通に「給仕」と書きますが、本来は「給侍」で、貴人・老人にお上から給わった侍《さむらい》です。そういう訳で、侍《さむらい》とは身分の極めて卑しいもので、大宝令《たいほうりょう》という千二百余年前の法令には、八十歳以上及び篤疾すなわち気違いとか片輪とかの者には、お上から侍《さむらい》一人を給わる。九十歳以上に二人、百歳以上に五人を給わるともあります。すなわち給侍です。その同じ名の侍《さむらい》が、武芸を練習して主人たる人の護衛をなし、主人が立身するに伴って己が身分も高くなり、遂に武士になってしまったのであります。もとは卑しい侍《さむらい》という名称も、ここに至って何人《なんぴと》かこれを賤しみましょう。後には敬称を付けて御侍ということにもなってしまいました。

また徳川時代に将軍直参の士に御家人《ごけにん》というのがあります。鎌倉時代から大そうえらい者でありまして、当時の大名衆《だいみょうしゅう》を御家人《ごけにん》と呼んでおります。ところがこの御家人《ごけにん》という名称はどうかと申すと、もとこれは賤民中の一つの階級の名称でありました。昔の法律では、立派に賤民の制度が定まっておりまして、それには種々の階級がありました。その一つに家人《けにん》というのがあります。賤民でありますから、無論良民すなわち普通の人民と結婚することも出来なければ、全く主人の私有財産で、代々家人《けにん》としてその主家に仕えていたのであります。そういう卑しい家人《けにん》という名称の者でも、実力さえあればその主人が段々と勢力を得るに従って、身分が高くなる。平安朝には源平の立派な武士が自ら好んで摂政・関白などの家人になり、源・平二氏等、皇室から分れた立派な家柄の身を以て、好んで賤民の列に投じ、主人の威を藉《か》って勢力を振っておりました。かくて源頼朝が大成功をして、遂に天下の権を掌握することになりますと、その下に付いていていた家人《けにん》、すなわち大宝令の制度から申さば賤民であるべき筈の者どもが、立派な大名《だいみよう》になってしまった。すなわち北条時政とか、畠山重忠とか、梶原景時とかいうような、一国或いは数国を領する様な大大名《おおだいみよう》になってしまった。そこで大江広元とか、中原親能とか、三善康信とかいうような、立派な京都の公家衆《くげしゆう》までが、自ら身をこの家人《けにん》なる賤民の群に投じて、幕府の政治に参与する。ついにその子孫には、今日毛利公爵の如き立派なお方が、この鎌倉の御家人《ごけにん》なる、大江広元の後に出ているのであります。かかる際に於いて、何人か家人《けにん》を以て卑しいものだと云いましょう。その名は賤しいままでも、内容が改まれば立派なものになる。立派な身分のものもこれに加わる。これは単に名称の問題でありまして、名称はその実質に伴って常に価値が改まる訳で、家人《けにん》とか侍《さむらい》とかいう卑しいままの名称でも、その実質が立派になれば、誰もこれを賤しとせぬのみならず、その名前そのものまでも立派になって、世人の憧憬《あこがれ》の的《まと》となるのであります。貴公とか貴様とかいって尊敬してみても、実際これにあたる相手の内容が悪い者であれば、遂にはこれを馬鹿にしたことになるのであります。近ごろ料理屋などには、廊下の突当りなどに「化粧室」と札を打つのを見ることがある。妙なところに化粧室があるものだと問うてみると、これは便所でありました。便所という名が不潔だから、改めたのだとの事であります。便所と云い、手水場《ちようずば》と云い、雪隠《せつちん》と云い、はばかりと云う名には、少しも不潔な意味はありません。もと糞尿処という穢ない名を避けて択んだものでありますが、それが穢れた物に付いておっては、いつの間にか汚なくなる。次へ次へと新しい名を工夫しますが、いつの間にかやはり汚なくなる。新平民と云い、特殊部落と云うも、その内容から尊卑の意味が定まるのであります。同じ新でも、何人《だれ》か内容の立派な新華族を賤しとして嫌うものがありましょう。もしそれを嫌えば、それは旧華族の負惜しみです。特殊部落と云ってもそうです。彼らの実質が立派なもので、親しむべきものである。信頼すべき者であるということになれば、この特殊部落という名称が、特殊に親しむべく、特殊に信頼すべきものになるのであります。こういう実例は歴史上から申しますれば、幾らでもあります。また新平民という名も同様でありまして、名の上に少しも悪い意味はない。祖先の余徳によって爵位を有し、蔭で馬鹿殿様など云われているものよりは、実力で得た新華族の方が幾ら名誉だか知れません。考え様によっては物は古いよりも新しいのがよい。要するに名称の問題よりも必要なのは実質の改善です。私は区別撤廃を最も希望するのでありますが、彼ら自身としては、侍《さむらい》が武士になり、家人《けにん》が大名になったと同様に、特殊部落のままで特殊に親しむべく、信頼すべき部落になり、新平民のままでも、新進気鋭の人民であると云う程の意気を以て、実質を改良するの念が彼らにあって欲しいと思います。

4　解放された旧非人

名の詮索よりも最も大切なのは、これを事実上に解放して、自他の区別をなすの必要なきに至らしめるということであります。過去に於ける賤民は、実際上段々と解放されております。これも実例について申しますならば、歴史上その事実は無数にあります。まず近いところで今日普通に特殊部落と言っておりますものは、主としてもと穢多と呼ばれたものでありますが、徳川時代には、穢多非人と並べ称して、非人の数も随分多いのでありました。その職業は種々ありますが、中にも皮を扱い、肉を食うの習慣を有したものは、穢多として区別せられ、その以外の各種のものは、一括して非人ということになっておりました。しかるにその非人は大抵どこかへ消えてしまって、今日特殊部落になっておりますものは、大部分もとの穢多であります。もと穢多と非人とはどっちが卑しかったかと申すと、少くとも徳川時代の法令の上では、同一に穢多非人と並称しまして、もしこれを区別するならば、むしろ非人の方が低いものになっておりました。その制度は、江戸を中心とした関東と、京を中心とした関西とに、扱い方の相違もありましたが、大体穢多非人は共に天下の公民としては認めておりませぬ。そうでありましたから、幕府の法律は直接穢多非人には及びませぬ。彼らにはそれぞれ頭がありまして、大抵はその自治に任しておりました。したがって穢多非人の犯罪者の如きも、この頭に引渡して、彼らの仲間の刑法に任すという有様であったのであります。その穢多と非人とどちらが多かったかと申すと、今日正確な数を知る事は出来ませぬが、少くとも京都付近では、非人の方が非常に多かった。正徳五年（今より二百四年前）の調べに、洛外の非人の数八千五百六人に対して、穢多の数は僅かに二千六十四人しかありません。しかるに、その後非人という方はだんだん減じまして、明治四年穢多非人解放の際には、全国で穢多二十八万三百十一人、非人二万三千四百八十人、皮作等雑種七万九千九十五人とあります。この皮作はやはり穢多の仲間です。これは維新前に於いて、既に多数の非人が消えてしまった、すなわち良民に混じてしまった証拠であります。維新後に於いても、非人という方は大抵解放されまして、もはや世人は彼らを特殊部落民であるとは考えなくなっているのが多いのであります。京都付近でこれまで小屋者《こやもの》と言われていた悲田院の部落のものの中で、今日なお特殊部落として認められているものは、僅かに柳原の一部に住んでいるもののみで、一般民からはなお多少の区別をするのがあっても、今は官署の統計上にもその別は認めておらんのであります。これらのもと非人と言われたものの中で、最も種類の多いのは雑多の遊芸者でありますが、その中でも散楽《さるがく》すなわち能役者《のうやくしゃ》の如きは、室町時代から解放せられて、立派な身分となっているのであります。もっともこの仲間にも、手猿楽《てさるがく》・辻能《つじのう》などと称して、後までも非人扱いになったのもありますが、近ごろ著しいのはかの俳優すなわち歌舞伎役者であります。彼らももとは非人の一つに数えられて、河原者・河原乞食などという名称があったのみならず、名優であってももと非人部落と言われていた中から出たのも少からんことでありますが、今日では芸術家ということになりまして、貴顕紳士とも交際し、何人もこれを以て特に賤しいものだとは認めなくなりました。こうなって参りますると、もとからの非人でない、立派な身分の人々までも、自ら進んでその仲間に這入って参ります。某文学博士の令息とか、某代議士の令嬢とかいう様な方まで、俳優となって少しも恥かしいとは思いません。もとは河原乞食と言われていても、今は俳優として立派に大道を闊歩して行けるようになっております。近ごろ世に持て囃されるかの某少女歌劇の少女達も、昔であれば乞胸《ごうむね》と云って、その頭の仁太夫の支配を受けなければならなかったのでありましょうが、今日ではよい身分の人々の娘さんたちの寄り合いで、監督も厳重だし、教育の手当ても行き届き、内容実質共に賤しいものでありません。これは畢竟役者という者が、事実上非人階級から解放された結果であります。今日に於いて何人も、役者を以て特殊部落民の仲間だなどと考える者はありませぬ。しかし地方に依りますと、彼らがまだ非人時代からのもとの部落に住んでいるが為に、依然として付近のものからは、特殊民の待遇を受けている例がないでもありません。播磨・但馬などにも、この例があるそうでありますが、私が最近調査しましたのは、日向の佐土原付近にある部落です。これはもと万歳・春駒などをやっていたものでありまして、その流れを汲んで今以て全村の八九割までが俳優であります。生活程度も向上してもはや特殊部落として改善を呼号するの必要はない程のものでありますが、もとの地に依然として一つの部落を成しているが為に、今以て付近の人々からは特別の待遇を受けて、他とは結婚もしない、交際もしないということになっているそうであります。また部落を成しておらぬものでも、旅役者などはやはり賤しめらるる場合が多いのでありますが、大体に於いてこの階級の人々は、つとに解放されているのであります。したがって今日では、もはや彼らを呼ぶに小屋者などと賤しめた称をするものもありませんが、やはり旧時の記念として、今以て歌舞伎座のような立派な建築物でも、また帝国劇場のような新しいハイカラなものでも、彼らは自らこれを小屋《こや》と称しております。これはたまたま芝居小屋時代の名残りが残っているのであります。

5 取り残された旧穢多

俳優以外にももと非人仲間の者は、その種類多く、茶筅・鉢屋など言われたもので、依然集合的の部落をなして、なお今日特殊の待遇を受けているのも少くはないのでありますが、その部落をなしていない者は、大抵つとに解放されているのであります。しかるに気の毒にももと穢多といわれた者だけは、明治四年の解放も実は単に新平民の名を得たのみであって、実際上にはその全部が永く後に取り残さるることになっております。これは穢多は穢れたものであるという思想と、「穢多」という同情なき文字とが累《わずら》いをなしているのであります。もちろん彼らが貧乏である、不潔である、品性の下等なものが多いという様なこと、特に密集して住んでいて、団結心強く、世間に反抗する思想を持っていると認められていることなども、その理由をなしているのでありましょうが、第一にはこの「穢多」という文字が悪いと思います。「穢多」と書くが故に特別に穢れたのだとの観念が去りにくい。彼らが密集しているというのは、彼らが住居の自由を得ないで、狭い地内に頻《しき》りに繁殖するからで、そして社会の圧迫に対しては、どうしても反抗心が起る、自己生存の上からどうしても団結を固くしなければならぬ。自衛上彼らは普通民の如くそう勝手に分散することが出来ない。また分散しようとしても、世間がこれを許さない場合が多い。それが習い性となって、今日当局者や有志者が、百方勧誘して彼らを分散せしめようと思っても、彼らは容易に分散しない。実際彼ら自身分散してみても、社会がそれを容れない。隣の人も交際を嫌うというような事がありまして、またもとの村に戻って来る。かくて貧乏がますます貧乏になる。不潔がますます不潔になる。よしやますますなるという程でないまでも、一般社会の生活の向上に伴わずして、世の進歩に後れているから、彼此の間隔が多くなって、貧乏にも見え、不潔にも見える。品性が下等なのが多いと言われるのも実際やむをえないのであります。そしてこれらの原因は、もとをただせば主として社会の圧迫にあるのであって、彼らのみを責めるのは残酷であります。

実際社会の状態を見れば、貧乏であり、不潔であり、品性が下等で、密集して住んでいるものは、実は所謂特殊部落以外にも少くない。しかるに何故に彼らのみが特に嫌われるかというと、それは彼らがもと穢多であったからである。穢多は肉や皮を扱う。それは神様のお嫌いになるものである、彼らの身は穢れたものであるという迷信が、彼らがもと最も卑しめられるに至った理由であります。これは奈良朝から平安朝にかけまして、仏法が盛んになった結果、殺生を忌む、肉食を嫌う、ということになりましたが為です。しかしながら、本来日本人はみな狩猟・漁業の民でありました。神様にも動物の肉を供え、畏《かしこ》くも古代の天子様は、御親《みずか》ら肉食を遊ばされたのであります。また今日では、一般人民殆ど肉食をせぬものはありません。また皮を扱うものを以て賤しいとも致しません。随分立派な身分の御方でも、皮革会社の社長になり、取締役になって、少しも疑わないのであります。されば実際上肉と皮とが穢多になるおもな原因であったとすれば、我らの祖先はみな穢多仲間であり、今日の日本人もまた穢多仲間に這入っているのであります。しからば職業としては、彼らの執っておった、また今も多くこれに関係しているところのものは、もはや解放されたと云ってよろしいのでありますが、それで以てなお多年の因襲の結果、何だか変ったもののように区別されているのであります。

肉食を以て穢れとするという思想は、実際日本には古くはなかったことであります。天武天皇朝におきまして、牛・馬・犬・猿・鶏の肉を食うことを禁ずという詔がありましたが、これは人間に益をなす家畜を殺すに忍びぬ、人によく似た高等動物を殺すに忍びぬという慈悲忍辱《じひにんにく》の心から来たので、その前にはこの類のものでも、遠慮なく殺して喰っておりました。神武天皇に牛酒の御馳走をさしあげたということもあります。天子様が鹿や猪の肉を召し上がることは平安朝までもありました。天武天皇の詔も、ただ牛・馬・犬・猿・鶏の五つのものを肉食の目的で殺すことをお止めになったので、決して肉食をお禁じになったのではありません。

しかるに仏法が盛んになり、遂に神道の上にまで手をつけて、神は肉を忌み給うもの、肉を喰ったものは神に近づく事が出来ぬものという思想がだんだん起って参りまして、これを扱うものは穢れたものという事になりました。仁明天皇の頃に、京都の鴨川の上流で鹿を狩るものがあって、これを屠《ほふ》る血が流れて、賀茂の神社に穢れが及ぶからということで、これを禁じたというようなこともありました。この様な時代に死牛馬の皮を剝ぎ、その肉を喰うものが穢れた者として賤しめられたのは、実際やむをえなんだのでありますが、職業上から言えばこれも必要でありまして、いずれは死ぬ筈の牛馬の始末をするものもなければならず、ことにそれから皮革を製造するものも、武器を作ったり鼓を張ったり、そのほかにも需要多き皮を製造する上から申しても、是非なければならぬ者でありました。さればもし職業の上から言えば、彼らはむしろ賞すべきものであったのであります。身を挺して人の嫌がる職に従事したものは、特別に優遇しなければならぬ次第であります。また職業は神聖だという様な、今日の流行語から云えば、彼らがその職業の為に、特に賤しめられるということがあってはならぬ筈であります。しからば残るところは牛馬の肉を喰ったという事でありまして、これは天武天皇の御禁制にも背いておりますが、同じ御禁制の鶏肉に対して、どれだけの励行があったでありましょう。つまりは政令の行き届かぬ化外の民で、祖先の遺風を保存していたというに過ぎません。そして今日は、我々一同祖先の古えに戻って、肉食の民となっているのでありま す。一説には、穢多は朝鮮人の子孫であるとか、或いは外国の捕虜の子孫であるとかいうことを説くものもあります。民族上の問題は後に申し述べますが、穢多必ずしも帰化人の後ではありません。よしや帰化人の後であると致しても、我が国では民族の異同によって甚だしくこれを賤しむということはありません。もっとも穢多の源流を尋ねてみますと、皮革業者や肉食習慣者以外、種々のものがあって、今日既に解放されている非人と区別のないものも多いのでありますが、それが一括して穢多と云われたが為に、最後まで解放から取り残されるという様な、貧乏鬮《くじ》を引いているのであります。

６　上代に於ける良賤の別

皮作はもと賤民の仲間ではありません。彼らは雑戸《ざっこ》と申して、賤民よりは資格のよいものでありました。賤民というのはこの以外にあります。我が日本国には、古くから良民・賤民という区別がありまして、これは法制上にも立派に認められておりました。孝徳天皇の大化の改新の際には、従来の弊風はすべて打破されて、一切の人民は平等になったかの如くに思われますが、しかもこの良民・賤民の区別は、相変らず保存されておりました。改新の詔《みことのり》にも、男女良賤の法は明らかに規定されておりました。賤民は決して良民と結婚することが出来なかった事も見えております。この後文武天皇の御代に大宝令《たいほうりょう》が御発布になり、その扱い振りの詳細なことが規定されております。しからばその賤民とはどういう者であったかというと、これは後世に所謂穢多や非人とは違うのでありまして、その主なるものは、先刻申した家人《けにん》、その次に奴婢《ぬひ》というのがあります。これを区別すれば、家人は主家とは別に一家をなすもの、奴婢《ぬひ》は奴隷《どれい》で主人の家に寄食するもの、後世の商家の例で云えば、家人は通い《かよ》番頭《ばんとう》、奴婢《ぬひ》は住み込みお仕着せの奉公人という様な別があるのでありますが、これを通じては奴婢《ぬひ》とも申した。つまり主人持ちの身分で、天皇直隷《じきれい》の国家の公民ではありません。この家人《けにん》・奴婢《ぬひ》にも、公私の別がありまして、官に属する家人《けにん》相当のものは官戸《かんこ》と云い、つまり官戸《かんこ》・家人《けにん》・官の奴婢《ぬひ》・私の奴婢と、四通りになっております。いずれにしても独立の生活をなすことが出来ない、家来の身分のもの、公民権の無いものであります。しかしその中にも、これを区別しますと、官戸・家人は奴婢よりも資格がよく、同じ奴婢でも官の奴婢は私の奴婢よりも資格がよい。それで官戸や家人と公私奴婢との間にも、結婚は出来ぬということになっております。これらの家人・奴婢は、一国の元首たる天皇の御眼から御覧になれば、陪臣とも云うべきもので、公民の資格は認められません。中にも私奴婢の如きは、全く主人の財産で、売買譲与も出来る、殆ど人類としての権利は認められていなかったのであります。このほかには陵戸《りょうこ》というのがあります。すなわち墓守《はかもり》で、後世に云えば隠坊《おんぼう》の類です。この陵戸《りょうこ》は屍体に触り、葬儀に預かるものでありますから、次に申す雑戸《ざっこ》の中に属すべきものではありながら、特に卑しいものとして、五種の賤民中に置かれることになっております。すなわち陵戸《りょうこ》は執る職業が賤しかったから、自然賤民として賤められたのでありますが、家人《けにん》・奴婢《ぬひ》に至っては、全く社会上に於ける境遇上の問題でありまして、人そのものが特別に卑しいとか、穢ないとかいう訳ではありません。当初《はじめ》賤民の起った時には、或いは被征服者とか、被掠奪者とかいう者であったでありましょうが、それも民族の別からではない。ことに後には貧乏して金が返せぬとか、父兄に売られたとか、誘拐されたとかの原因で奴婢《ぬひ》になるのもあれば、自ら好んで家人《けにん》になるのもある。つまり境遇上の問題で、民族上の問題ではありません。ただ法律上厳格にこれを区別した所以のものは、社会の秩序を維持する、主人たるものの財産権を保護するという意味が主なるものであったと存じます。されば、その主人が好意上から、或いはその他の理由から、奴婢《ぬひ》を上《のぼ》せて家人《けにん》となし、或いは家人《けにん》・奴婢《ぬひ》を解放して良民《りようみん》となすことが出来ます。いつでも政府に申して、戸籍を訂正してもらえばそれでよい。従来厳に通婚をまで禁ぜられていたものも、たちまち何ら区別のない良民になることが出来るのであります。また官の奴婢は、年六十六以上になれば当然官戸となり、七十六以上になれば当然良民となる。かかる次第でしたから、家人・奴婢のままでいて、位階を授かっていたものも随分あります。位階あるものは無位のものの上席にいるのでありますから、奴婢でいて良民よりも地位の高いものがありうる次第であります。この制度は平安朝になりましては、だんだん崩れて参りまして、良賤の通婚をも黙許するという姿になり、中頃以後にもなりますと、随分立派な身分の者が、好んで家人になることが多い様になりました。例えば源氏の頭領 源頼信《みなもとのよりのぶ》の如き、また平新皇とまで云われた平将門《たいらのまさかど》の如きすらがそれで、頼信《よりのぶ》は関白藤原道兼《ふじわらのみちかね》の家人となり、将門《まさかど》は太政大臣藤原忠平《ふじわらのただひら》の家人《けにん》になっておりました。そもそもかく身分ある者までが、自ら好んで賤民の列に落ちるというのはどういう訳かと申しますと、当時の語に、「一人の跨《また》に入りて万人の首《こうべ》を超える」ということがありました。立派な人の家人になって、その主人にさえ頭を下げておれば、所謂虎の威を藉《か》る狐で、主人の威光を笠に着て万人の上に立つことが出来る。かくて自ら身分のよいものまでが賤民の列に這入るのでありますから、あたかも文学博士の令息や、国会議員の令嬢が、自ら進んで俳優になられる様になると、自然に俳優の身分が上がって、旧時の河原乞食と云われた賤者時代の事が忘れられると同じく、同じ名前の家《け》人《にん》でいながら、もはや家人は賤民の列から解放されたと云ってもよいのであります。その主人に対してはとにかく、一般人民に対しては却って威張っている様な家人《けにん》が多く出来ました。かくてその家人がさらに家人を有する。家人の家人がさらに家人を有する。段々と主従関係が重なりまして、遂に封建制度みた様になり、もはや家人《けにん》・奴婢《ぬひ》というものは、特別に卑しいものではない、卑しいのは却ってこれらの有力者の蔭《かげ》にすがる事の出来ない天下の公民、すなわち古えに所謂良民だという事になって、良賤の別が全く引っくら返るという奇態《きたい》な現象になりました。

陵戸の方はどうかと申すと、これは職業が賤しい為に解放せられて良民となるということもなく、後に取り残されたでありましょうが、もともと彼らはこれを世職としているから賤しいので、普通一般の人民とて、その家族親戚の死者を葬り、その墓を守るという様な事については、陵戸の仕事もしたでありましょう。ただ陵戸は官戸の類の一つとして、特別に国家に属するから、自ずから賤民と認められたので、後には諸陵寮の官吏になる事まで人が嫌がるという様になりました。かかる有様でしたから、もともとその類も少く、勢力もなかったのですから、次第に逃亡したりなどして、どこかへ紛れ込んだのが多かろうと存じます。その代りに守戸《しゅこ》というものが出来ました。これはもと良民で、所謂夙《しゅく》の名の由って起るところですが、これは改めて後に申し述べましょう。

7 雑戸《ざつこ》と賤民

古代の賤民としては、右に述べた官戸・家人・官奴婢・私奴婢・陵戸の五つだけでありますが、これ以外に、別に雑戸《ざつこ》というものがありました。これはもと良民とは少し階級が違っておりましたが、奈良朝の頃に聖武天皇の詔によって、その地位を高めて平民となりました。したがって少くも平安朝のころには、良民と結婚することも認められ、良民中より技術・工芸に熟したものを選んで、雑戸《ざつこ》とする場合も多くなりました程ですから、その頃にはもはや立派な良民と云ってよいのであります。しかしもとはやはりまず良民と賤民との中間に立っているという位のもので、大宝の頃には、良民を養子にすることを禁ぜられ、犯すものは一年半の徒刑に処するという規定もありました。

雑戸《ざつこ》とは種々の技芸・工業・雑役等に従事するもので、例えば珠玉を造る玉造部《たまつくりべ》とか、弓を造る弓削部《ゆげべ》とか、鎧を造る鎧作《よろいつくり》とか、雅楽寮《うたづかさ》の楽戸《がくこ》、主《す》船司《せんじ》の船戸《せんこ》、造酒司《みきづかさ》の酒戸《しゅこ》、典薬寮《てんやくりょう》の薬戸《やくこ》、造兵司《ぞうへいし》の雑工戸《ざつこうこ》、主鷹司《たかづかさ》の鷹戸《ようこ》などとかいう様な、一定世襲の職業を持ったものを申すのであります。かの馬飼《うまがい》・犬飼《いぬかい》などの賤しい職のものも、やはりこれに属している。これは天下の公民ではないが、さりとて賤民とも区別されていました。その官に属するものは、前の官戸というものにも似、陵戸《りょうこ》もまた雑戸《ざつこ》の一つと云ってよい様ではありますが、雑戸《ざつこ》はもとより賤民というではない。

一体我が国では農業を重んじ、それ以外の職業を軽んずる古風があった。そこで農民というものは、古い言葉では「おおみたから」と云っておりました。これまで普通に国学者の解釈では、農民は国家の宝である、天皇の「大御宝《おおみたから》」であるという説明に満足しておりましたが、これはどうも間違っているようであります。私の考えでは、「おおみたから」とは天皇の大御田《おおみた》の「やから」ということであろうと存じます。原則として日本の田地は、みな天皇の御所有で、すなわち大御田《おおみた》であります。この「おおみ」という敬語は、鄭寧《ていねい》な言葉でありますが、今では下様《しもさま》のものでも軽々しく用いております。我々風情のものの足のことをも、時としては他から「おみあし」などという。味噌汁のことを「おみおつけ」などという。その「おみ」はすなわち「大御《おおみ》」であります。また「から」は「やから」・「うから」・「ともがら」等の「から」で、「族」という意味ですから、つまり農民のことを「おおみたから」と申したのであります。また我が国語で、人民のことを「たみ」というのも同じ意味でありまして、「たみ」はすなわち「田部《たべ》」の義でありましょう。昔はそれぞれに職業に依って団体をなし、それを「部《べ》」と申す。機を織る者は機織部《はたおりべ》すなわち服部《はっとり》であります。また玉を造るものが玉造部《たまつくりべ》、豚を飼うものが猪飼部《いかいべ》、中臣氏《なかとみうじ》に属している部族が中臣部《なかとみべ》であります。そういうようにみな「部《べ》」と申しました。そこで田地を耕作する農民はすなわち「田部《たべ》」であります。その「たべ」が訛って「ため」となる。上野《こうずけ》に「田部井《たべがい》」と書いて、口には「ためがい」という所があります。その「ため」が転じて「たみ」となる。「たみ」すなわち田部、すなわち人民、すなわち農民というのが我が日本の国家成立の原始状態であったと存じます。そうでありますから、今日に至ってもなお農民の事を百姓《ひゃくしょう》という。天下の百姓という言葉は一切の人民を網羅した総称の筈でありますが、その一切の公民すなわち百姓が、これ直ちに農民ということでありまして、農民以外の者は百姓の仲間には加えない。百姓以外のものはすなわち公民ではない。農を以て国の本としてた我が日本では、もと農民すなわち公民、農民以外の者は公民でないということになっておったのであります。今日から申しますると、余程奇態《きたい》な事でありますが、昔は実際そうでありました。したがって農業は神聖で、農民の肥料とする糞尿《ふんにょう》は穢れとせぬ。我が中古の神道では血に触れることを大そう穢れと致して、産婦や月経時の婦人は神に近づく事は出来ぬ。もとは家族と同居同火することをすら忌んだ程で、したがって動物を屠って血に触れたものは、神詣《かみもうで》も出来ぬという事にもなりましたが、農民の肥料として糞尿を扱ったからとて、あえて神様に参詣が出来ぬという様なことはない。ことに古伝説によりますと、農業五穀の神様は、伊奘冊尊《いざなみのみこと》の糞尿から生れ給うたという様な風にまで伝えております。そんな次第で日本の古代では農民が主《おも》になっておりまして、農民以外の者は公民《おおみたから》ではない。「たみ」ではない。百姓すなわち人民の仲間に加わらないから、これを「非人《ひにん》」と申す。普通に非人という語は「人非人《にんぴにん》」で、人にして人に非ずだと解しておりますが、それは後世の思想で、残酷な解釈であります。非人もやはり人で、非人という階級の人、すなわち公民の戸籍に編入されてない人ということであります。この雑戸《ざっこ》には、先住の土着人すなわち、後に申すところの所謂国津神《くにつかみ》系統の民族や、支那・朝鮮の帰化人の子孫が多い様ではありますが、土着人だからとて、帰化人だからとて、その理由で賤しむと云うことは我が古史には見えませぬ。土着人や帰化人で随分立派な身分のものも沢山にあります。ただその職業が農業でなかったが為に、農業以外の種々雑多の職業に従事するもの、すなわち雑戸《ざつこ》が賤しまれたのでありました。されば広くこれを申しますと、右に述べた技芸・工業・雑役等に従事する雑戸の徒は、皆この意味の非人と云ってよろしい。したがって公民からは賤しいものとされておりましたが、奈良の御代天平十二年に、聖武天皇の詔によって、解放されて平民と同じ階級になりました。その詔の文に、「汝等今負《お》ふ所の姓は人の恥づる所なり。ゆへに今ゆるして平民に同じくす。」とあります。雑戸《ざつこ》が良民と婚する事になったのは、これから後の事でありましょう。しからば雑戸《ざつこ》はもはや非人ではありませぬ。もっともこれ以外に、定住の地を有せず、家なくして浮浪している真の帳外、すなわち国民の一部に加わっておらぬものが沢山ありました。今日でも山家《さんか》などと呼ばれる浮浪民がありますが、これらは無論公民ではなく、非人中の非人と申してよいのであります。

8　余戸《あまべ》と賤民

これらの雑戸《ざつこ》と非人とに関連して考えてみるべきものは、「あまべ」というものの性質です。京都の三条通からは南、賀茂川からは東に当って「あまべ」という一つの部落があります。文字には「天部《あまべ》」または「余部《あまべ》」とも書きまして、もとは皮田《かわた》とも穢多《えた》とも言われておりました。これは昔の「余部《あまべ》」というものの名称を継いでいるのでありましょう。「余部《あまべ》」という名は、奈良朝頃の地誌や、平安朝頃の郷村名《ごうそんめい》を書いたものによく出ておりまして、全国各地にあったのであります。今も諸国にその名が残っております。これは一体どういう者かと申すに、先輩の間に種々の説がありまして、普通には余った家すなわち一郷をなすには多過ぎるし、さりとてその余ったものを独立の一郷とするには足らぬから、それで余部《あまべ》というものにしたと云うのでありますが、私はそれを信じません。私はこれがおそらく農民以外の雑多の職業に従事する、所謂雑戸《ざつこ》であろうと思います。しからばなぜ雑戸《ざつこ》を「あまべ」といったかという理由はよくは分りませぬけれども、思うに普通の郷《ごう》の仲間に這入らず、余った村落と云う事でもありましょう。余戸《あまべ》の説明をした古文を見ますと、京都の栂尾《とがのお》の高山寺《こうざんじ》に伝わっていた「和名抄《わみょうしょう》」という書物がありまして、その中に、「班田《はんでん》に入らざる之を余戸《あまべ》といふ」とあります。班田《はんでん》というのは大化の改新の時の御規則に依りまして、日本の土地をことごとく国家の有に帰せしめ、それを均等に人民に分ち与える、これを班田と申し、農民はことごとくその班田を受ける仲間に這入っている訳であります。ところが「班田に入らざる之を余戸といふ」とあるのを見ますれば、田地を貰わないもの、すなわち農民以外のものということになります。種々の職人や雑役に従事するものは、耕作致しませんから、土地を貰わなかった。すなわち土地を貰う権利を与えられなかったのであります。昔の諺に、「土《とこ》得《ろえ》ぬ玉造《たまつくり》」ということがありまして、玉造は土地を持たなかった。また今の京都の天部《あまべ》部落は、もと四条河原に居まして、これを「四条河原の細工《さいく》」ともあります。皮細工の雑戸《ざつこ》で、それで「あまべ」の名を得ております。

もう一つ「出雲風土記」にも余戸《あまべ》の説明があります。それには、「神亀《しんき》四年の編戸《へんこ》による、天平《てんぴょう》の里《さと》」ということが書いてある。神亀《しんき》というのは奈良の朝、聖武天皇の御代の初めの年号です。その時に新たに戸籍に編入せられたもので、それを、神亀の次の天平年間に「里《さと》」ということにした。それを余戸《あまべ》というのだとの事が書いてあります。これはそもそもどういう意味かというと、日本の公民の戸籍は初め大化の時に調べまして、その戸籍の基本となるべきものは、天智天皇御代の庚午《かのえうま》の歳の調査のもの、これを庚午《こうご》年籍《ねんじゃく》と云います。その庚午年籍が久しい間我が戸籍の標準になって、その時分に村落を成し、一定の土地に住居していた者が、我が公民の標準になったのであります。したがってこの戸籍に載っているものが公民権を得たもので、すなわち我が帝国の臣民となり、その以外は所謂非人という訳であったと存じます。しかるにその後神亀四年に新たに戸籍に編入せられ、雑戸を平民とした天平年間に里《さと》と立てたものが、所謂余戸《あまべ》の里だというのであります。そうすると「出雲風土記」に見えている余戸は、天智天皇の時の庚午年籍に這入っておらぬもので、その後新たに戸籍に加わり、平民になったもの、それまで公に認められていなかった村を新しく拵えたという意味であります。

「里」は「さと」で、後に村という程のものに当りましょう。その村落も、新たに土地ましょうが、雑戸《ざつこ》であってみれば班田の典にも預からない。永く余戸《あまべ》として特別の名に呼ばれた事と見えます。余戸《あまべ》は諸国にあるのみではありません。昔の京の大学寮の古図を見ますと、その敷地の西北隅に一区画をなして、「余戸」と書いてあります。思うにこれは掃除その他雑役に従事するものを置いた所で、やはり雑戸《ざつこ》の一つでありましょう。そしてこれは大学寮ばかりでなく、大きな役所にはどこにもあったことでありましょう。大きな役所であれば、是非そういう専任の者が必要であります。そして京都三条の南、鴨河の東の天部《あまべ》部落《ぶらく》の如きも、この平安京時代の京内の余戸《あまべ》の残りで、班田にも入らず、役所が潰れて扶持《ふち》離れがしては、世人の嫌がる職業をでもして、生きて行かねばなりませんから、遂に掃除によって汚物の扱いに慣れていたところから、皮細工人にもなり、穢多と言われる様になったと思われます。さればこの部落の事はまずしばらく措《お》きまして、前申した通り、出雲の余戸《あまべ》を里《さと》と建てた天平年間には、雑戸《ざつこ》を解放して平民に同じゅうすとの詔のあった頃でありますから、班田《はんでん》に入らない余戸《あまべ》だからとて、無論賤民ではなかったのでありますが、その新たに編戸せられた村落の中には、狩人《かりうど》の部落とか、漁師《りようし》の部落とか、或いは従来山家《さんか》の様な生活をしておった浮浪民《ふろうみん》の土着したものとか云うのもありましょう。やはり京の余戸《あまべ》と同じく、人の嫌う職業に従事するとかいう様な事もありまして、そういうものはどこにも材料の得やすい竹細工に従事するとか、或いはどうしても世間から賤しまれる事になったでありましょう。元来村が新たに起るのはどういう場合かと申すと、前に一つの農村があって、段々とその村に人民が数多くなる。従来の土地を耕作したのみでは生活が保ち切れないとなると、新たに荒地を開いて出村《でむら》枝村《えだむら》をつくる。そういう場合に新たに農村の起ることが幾らもありますが、そうでなくして、これまで浮浪の生活をしておった者が、土地に定住して新たに農村を起すとか、雑工業を営む村落を起すとかいう場合もありましょう。またこれらの浮浪民が、一つの村を造るだけの力がなく、既にある農村に寄生して、その村はずれに住ましてもろうて、村人の用を足すという場合もありましょう。そういうものもまたどうしても世間から賤まれる。そこでこれらのものが世の変遷と共に、いつしか落伍して、賤しいものになるものもありましょう。京都の天部《あまべ》などは、扶持離れのした雑戸の落伍者の末かと存じます。そこで昔の社会状態を考えるには、まず以て浮浪民の存在を考えなければなりませぬ。

9　浮浪民と賤民

今日でも山家《さんか》などと呼ばれる浮浪民は所々にあります。当局者や世の特志家慈善家が、特殊部落のことに多く注意を払われているのは無論必要ではありますが、特殊部落以外に於いて、未だ部落を成すに至らぬ浮浪民の随分あることも注意せねばなりませぬ。彼らの中には罪を犯して逃亡したものや、或いは貧乏してやむをえずその仲間に這入ったものもありますが、中には土着して農工等の業に従事するの機会を得ず、祖先以来の浮浪生活を続けていたのも多かったでありましょう。今日の浮浪民たる所謂山家《さんか》などという類の者の中にも、この浮浪系統の者で、昔から帝国臣民の戸籍に這入らず、代々浮浪生活を継続しているのも鮮《すくな》からずあろうと思います。山家《さんか》という名は、もと山林にでも居たからの名でありましょうか。或いは散家《さんか》の義かとも云いますが、それは確かでありません。地方によっては旧穢多を「山の者」という所があります。これは後に申す山人《やまびと》と合せ考うべきものかもしれませぬが、近ごろでは普通に新聞などに「山窩《さんか》」と書いております。穴住まいをするという事かもしれません。今も鎌倉あたりの墓穴（横穴）に住んでいるものもあります。近ごろ石器時代の遺蹟として有名な、越中氷見郡海岸の洞窟には、毎度山家《さんか》が来て住むそうです。また現に東京市内にも今以て山家が近く穴居していた跡がありまして、最近に控訴院判事の尾佐竹君から写真を贈ってもらいました。東海道筋や近畿あたりにも随分それがおります。政府の調査なり保護なりが随分行き届いて、もはや無籍者は一人もなかろうと思われる今日ですらそうでありますから、こういう浮浪民は昔はことに多かったに違いありません。奈良朝の頃神護景雲《じんごけいうん》三年に、浮宕《ふとう》の百姓二千五百余人を陸奥国伊治城に置くとか、平安朝の初め延暦二十一年に、駿河・甲斐以東諸国の浪人四千余人を、陸奥国胆沢城に配置するなどいうことが、しばしば古書に見えています。これらは一旦戸籍に編入されたものの逃亡したのもありましょうし、初めからの浮浪人もありましょう。徳川時代の法令などに、野非人《のびにん》・無宿などというのは、やはりこの徒の堕落したもので、平安朝頃の書物には野宿《やしゅく》などともあります。すなわち野伏《のぶし》です。その浮浪民の仲間にも、それぞれ仲間の規則がありまして、既に千百年ばかりも前の書物にも、「浮浪の長」ということが見えております。仏教関係の事を多く書いた「霊異記《れいいき》」という古い書物がありますが、それには奈良朝神護景雲三年に、その頃は越前、後には加賀になった加賀郡に、浮浪の長某というものがあって、そのあたりの浮浪人から運上を取り、勝手に部下のものを駆《お》い使っていた話があります。そこへ京の修行者《しゆぎようじや》が修行《しゆぎよう》して廻って行ったところが、右の浮浪の長は、汝も浮浪人だから俺《おれ》の手下《てした》になって運上を出せよと云って、ひどくこれを痛めつけたことが見えております。

この浮浪民のことを、昔は「うかれびと」と云っております。一定の居所を占めずして、水草を逐うて常に転居している者がすなわち浮《う》かれ人《びと》であります。またその浮かれ人の女の事を「うかれめ」と云いました。後に遊女のことを「うかれめ」と云いますが、もともとこの浮かれ女というのは、浮浪民の女の職業から起ったのでありまして、奈良朝頃の歌集の「万葉集」などを見ますと、遊女の事を「遊行女婦《ゆうこうじよふ》」と書いて、それを「うかれめ」と読ましております。耕作をせぬ女が生活して行く為には、自然と婬《いん》を鬻《ひさ》ぐことになるのは、やむをえなかった事でありましょう。すなわち浮《う》かれ人《びと》や浮《う》かれ女《め》は、一定の居所を定めずして、次へ次へと浮かれあるいて行く人々であったのであります。しからばこの浮かれ人は普通どういうことをやっていたかというと、女子ならば遊女にもなりましょうが、男子では狩や漁もしましょうし、簡単な工業もやったでありましょうが、また人の軒に立って、祝言《いわいごと》を述べて人から食物を貰って行くというのがすこぶる多い。すなわち一種の遊芸人です。祝言《いわいごと》のことをば昔は「ほぎごと」といいました。すなわち人に対して目出たい事を云って、先方の幸福を祝する。長寿や息災を祈る。生活の簡単な世の中では、長生《ながいき》をする事が一番の幸福でありますから、祝言には普通に長寿の事を云う。そこで我が国では長生《ながいき》、すなわち「寿《じゅ》」のことを「ことぶき」と云います。これは「ことほぎ」(言祝《ことほぎ》)で、言葉で以て祝《ほ》ぐの意であります。そこで祝言《ほぎごと》のことをば「寿詞《じゅし》」とも書いてあります。その言祝《ことほぎ》をなす人を「ほかいびと」と云います。「ほかい」はすなわち「ほぎ」と同じ語で、要するに目出たいことを言って食物を貰って生活をするものをほかい人と云ったのであります。それ故に昔から「乞食《こつじき》」或いは「乞索《きっさく》児《じ》」と書いて、「ほかいびと」と読んでおります。今日では乞食《こじき》と申すと、何らの報償もなく、ただ人の同情に訴え、憐みを求めて食を乞うものをのみ言うようでありますが、昔はそうではありません。立派に祝言《ほぎごと》の報酬として食を乞うものを、「ほかいびと」すなわち乞食と云いました。それが訛《なま》って「ほいと」と云うことになりました。元来食物は農耕に依って得らるるもので、農民以外の者は、必ず何らかの報償としてなり、または同情に訴えてなりして食を乞わねばなりません。そこで農民以外のものはみな当然乞食《こじき》と云ってよいのであります。自分の労力・技芸等を以て食物に代える者も、みな乞食なのであります。単に同情に訴えると申しても、仏法の方から申せば、それこれに同情して食を与える事がすなわち所謂慈悲《じひ》善根《ぜんごん》でありまして、未来に仏果を得るの種となるのでありますから、これも一種の報償と言わば言われましょう。仏法の修行者が乞食をすることは、前に申した大宝令《たいほうりょう》にもチャンと認められております。僧侶は大体樹下石上を家として、修行して廻るべきもので、それには当然乞食せねばなりません、したがって、真の修行者は乞食をすべきでありますが、その間には食を乞うを目的とする修行者も出て来る。僧形をなして慈悲《じひ》善根《ぜんごん》に訴えるのは、最も悧巧《りこう》な方法でありますから、賤しい乞食坊主というものも随分沢山出来ました。しかし本来から云えば、乞食という語は必ずしも卑しい言葉でありませぬ。僧侶も乞食であれば、職人も乞食、食物以外の物を以て食物と交換する者はみな乞食であります。前に申した「万葉集」の歌に、乞食の詠《うた》というのが二つありますが、それは漁師《りょうし》と狩人《かりうど》との歌です。狩人や漁師は獣《けもの》を獲《と》り、魚《うお》を捕《と》りますけれども、その獲物のみでは生きて行かれず、必ずこれを以てやはり農民の米を貰わなければならぬ。それで彼らを乞食と云ったものとみえます。

しかし普通に乞食というものは、多くは祝言《ほぎごと》をする。その祝言《ほぎごと》も、ただ口で目出たい事を述べるだけでは不十分でありますから、節を付けて面白く歌うとか、それを楽器に合わすとか、手振り・身振りを加えて所謂踊《おどり》をするとか、人形をまわすとか、猿を使うとか、いろいろ工夫をして参りまして、はては人の耳目を楽しませるという方が主となって参ります。かくて遊芸人は、多くこの仲間から出て参ります。かの万歳とか、春駒とか、越後獅子とか、人形舞《にんぎょうま》わしとか、猿舞わしだとか、祭文《さいもん》・ほめら・大神楽《だいかぐら》・うかれ節などを始めとして、田楽《でんがく》・猿楽《さるがく》等の類まで、もとはみなこの仲間でありまして、遂には歌舞伎役者とまでなって参ります。もっとも後世の俳優は、あえて必ずしも浮浪民から出たという訳でありませんが、もとの起りが右の次第でありますから、前に申した様にこれを河原者だとか、河原乞食だとか、小屋者だとか申して賤しみました。河原者とか、小屋者とか申すのは、京に於いて浮浪民が、普通は鴨川の河原に小屋を構えて住んでいたからで、それで河原乞食とも云ったのです。河原者は古く掃除人足や、手伝《てつだい》等の雑役につかわれて、所謂日雇取りをもなし、一方では遊芸人・遊女などになっておったのが多い様であります。もっとも京都の河原者は、徳川時代には悲田院と云って、市中の警固や、盗賊追捕などの用にも使われました。その京都の河原者の名が一般に及んだ事とは存じますが、地方に於いて今も山家《さんか》の徒が、河原や、堤下《どてした》や、藪蔭・墓場などに、小屋掛け・テント張りをして住んでいる様子を見ますと、昔の有様も想像せられるのであります。

今の山家《さんか》は昔の河原者の最も堕落したもので、普通は竹細工に従事しておりますが、中には随分残酷な犯罪をあえてするものがあるとの事が、しばしば新聞に見えております。しかし彼らとて必ずしも悪いもののみではありません。ただ一定の居所を有しないのみで、家族を率いて次から次へと雨露を凌ぐに足る様な適当な岩窟《いわや》や、塚穴《つかあな》などを見付けて臨時の住家《すみか》とし、笊《ざる》や箕《み》や竹籠《たけかご》などを造っては、その付近二三里の場所を売って歩く。一と通り得意まわりがすむと、また次の適当な住家にうつる。雨露を凌ぐに足る様な穴のない場所には、粗末なテント張りや小屋がけをして住むという、極めて原始的な移動的職人と云ってよいのであります。彼らの中にはまた、ほぼ一定の場所にのみ数家族、数十家族が集まって、一つのテント部落・小屋部落をなしているのもあります。さらに進んだものでは、もはや浮浪生活をやめて、一定の住宅を構え、戸籍に編入せられているのもあります。こうなれば彼らはもはや山家《さんか》ではありません。昔の浮浪人の末路もこんな工合で、良民中に消えてしまったのが多いことでありましょう。浪人を雑役に使うとか、浪人に田地を開墾せしめるとか、浪人にも課役を宛てるとかいうことが、しばしば平安朝頃の記録にも見えておりまして、浮浪人とても決して変ったものではありませんが、その賤しい職に従事したものが、いつ迄も人から疎外せらるるに至るのは、これはやむをえぬ事でありました。

10　産所と賤民

これらの河原者と同じ仲間に、産所《さんじよ》というのがあります。或いは散所・算所などとも書いてあります。摂津の西の宮は人形遣いの起った有名な場所でありますが、これは付近の産所という部落の賤民が、西の宮の夷《えびす》様の像を舞わして諸国を遍歴し、米銭を貰って生計としたのが本《もと》だと存じます。しかし後には立派な操人形《あやつりにんぎよう》の座元が出来まして、諸国を興行して廻るという事になりました。それが淡路に移ったと見えまして、後世では本家の西の宮の方は廃《すた》れて、淡路の方が有名になっておりますが、やはり西の宮を元祖とし、西の宮の夷神社の末社なる、百太夫《ひやくだいふ》を祖神と仰いでおります。そしてこれは、西の宮から起ったというよりも、淡路に於ける同類の産所のものが、それを真似たというのでありましょう。淡路ではその村を三条と云っておりますが、あれももとやはり産所でありました。産所・算所などという地名は方々にありまして、その住民は多くは一種の賤民扱いにされており、現に丹後では今も算所という特殊部落があります。しかし他の産所では、住民が他に移って、今は絶えてなくなったのが多い様であります。産所がなぜそう賤しまれたものであるかというと、大体産所というのはその文字の通り婦人がお産をする所であったと思います。一説にこれは算所で、算《さん》を置く陰陽師《おんみょうじ》の部落であろうとの説もありますが、私はそれを信じません。今日でも我が日本の風習としてお産の穢れを忌むということは、なお一般に行われているところでありまして、産婦は神様の前に近づけないとか、火を別にするとか、居を別にするとか、居を別にしない迄も座敷の畳を揚げてしまって、板敷に藁を敷いてその上で子を産ませるとかの風習は、まだ田舎へ参りますと各地に残っております。思うに太古に於いては、必ず屋外に別に産屋《うぶや》を作って、そこで子を産んだに相違ありません。彦火火出見尊《ひこほほでみのみこと》のお妃《きさき》の豊玉姫が、海岸の産屋《うぶや》で御子鵜《う》草葺不合尊《がやふきあえずのみこと》をお生みになった事は、誰も承知の有名なお話です。今も現に海岸部落には、海岸に産小屋《さんごや》というのを建ててそこで産をする習慣の地方が、越前・駿河・遠江あたりに残っております。肥後の阿蘇郡には「産小屋」と書いて、「ウブノコヤ」と読ませる村もあります。それでサンジョがお産の所であることがわかりましょう。その穢を忌むということは、お産のみには限りません。つまり血の穢を神様がお嫌いだというのでありますから、産婦に限らず、婦人の月経の時にも、神様に近づくことが出来ないとか、家族と火を別にして、一緒に飯を食うことが出来ないとか、甚だしいのになると、やはり別の小屋でその期間を過ごすとかの習慣のある地方があります。私共の子供の頃には、婦人の月経の有るものが、その期間食事を家族と別にする事が実行されておりました。同時に飯を喫べるにしましても、一段と低い所に座って、飯櫃から直接にその女の茶碗に盛り分けることを致しません。他《ほか》の者が一旦他《ほか》の茶碗に飯を盛って、それをその女の茶碗に移してやるということにしておりました。今まで家族の食事の給仕をしておった母や姉が、今度はまるで乞食にでも物をくれる様な方法で、他の者から給仕をしてもらうという事を、子供心に甚だ奇態に感じたのでありましたが、今はそういう風習は全くなくなっております。かかる風習は、今では僅かに海岸や島嶼の漁師部落に稀にあるだけでありますが、三四十年前までは、随分各地にそういうことがありました。今も月経の事をブンヤ（分屋）とか、ベックハ（別火）とか、コヤンボウ（小屋坊）とか、コヤ（小屋）などという地方があるようですが、それらは古い時代の風習が言葉に残っているのであります。かような次第で血の穢を忌むという思想から、各村落には村外《むらはず》れの地に共同の産小《さんご》屋《や》を設けて、そこへ行ってお産をする習慣は、昔は各地にあった事と存じます。したがってその産所というものは、穢れた場所として認められている訳です。そこで産所という賤民の話になるのでありますが、これまでの普通の説では、その産小屋の風習がやめになり、自分の家でお産をする様になっても、その産所の場所は穢れたものとして捨てられる。その捨てられた産所へ浮浪民が来て住み付いて、その村落の付近におり、村人の為に人の厭《いや》がるような用を足す。これが産所という賤民の起りであろうと、こういう説がこれまで行われております。本居内遠翁の「賤者考」や、「近江輿地誌略」などの説、こうであったと記憶しております。しかし私は別の考えを持っております。今も越中のトウナイという部落民は、産婆代りに取上げを行うそうでありますが、「周遊奇談」には、出雲美保関では産婦がそこから二十町ばかりも離れたハチヤの部落へ行って、そこでお産をする例であって、そうすれば決して難産というこどがないとあります。ハチヤとはまた一種の特殊民で、やはり竹細工をしたり、万歳などの遊芸をする仲間じゃそうであります。特殊民がお産の世話をするのか、お産の世話をするが故に特殊民になったのか、その本末は明らかでありませんが、他にもこんな例を聞いた事がありまして、お産を自宅でする様になっても、やはりその穢物はこれらの人が片づけてくれる。要するに、お産と特殊民との間には、十分因縁のあった事が認められます。しからば産所という賤民は、産小屋の空屋に住みついた浮浪民ではなくして、もと産所に居ってお産の世話をしたものと解した方がよかろうかと存じます。無論その中には、産所という地名が出来て、それが穢れた場所として捨てられてある所へ、新たに特殊民が住み着いたというものもありましょうが、一般の見解としては、産所の者という方が当っているのでありましょう。

サンジョという名称は随分古くからありまして、既に平安朝の頃京都の西の桂河辺に散所《さんじょ》が居て、他《ひと》の土地へ来て勝手に住んで困るという苦情を書いたものがありますが、今もその地方の梅津や鶏冠井《かいで》に産所という所があって、そこの人はもとやはり賤まれておりました。産所すなわち山陰地方でいうハチヤ或いはハチと同類で、越中でトウナイというのもつまりは「十無い《とうない》」で、「八《はち》」ということを避けた隠し言葉でありましょう。京都の東寺にも昔散所法師《さんじよほうし》というのがありまして、寺の境内の掃除を担当し、汚物《おぶつ》取り片付けなどをする賤しい身分のものでありました。これは産所の者を連れて来て、寺の掃除人足に使ったか、或いは同じく賤役に従事するものであるから、これを散所と云ったか、いずれにしても産所は賤しいもので、それが掃除人足であったということは、河原者等と同じ程度のものであったと察せられます。産所の者が世の風俗の変化とともに、お産の世話をするという独占の職業を失う様になり、一方では人口が増殖して参りましたならば、掃除人足にもなったり、遊芸人にもなったりして、世渡りをする様になるのは自然です。かくて遂には西の宮の産所の様に祝言すなわちホカイを述べるホカイビトになり、次に夷《えびす》舞わしから遂に操《あやつり》人形の座ともなるに至ったのでありましょう。

11　夙《しゆく》の者《もの》と賤民

特殊民の一部族に夙《しゆく》の者というのがあります。これはハチヤとか、茶筅《ちやせん》とか、簓《ささら》とか、産所とかいう類のもので、比較的世間から嫌《いや》がられませぬ。したがって今は疾《と》くに解放せられて、特殊扱いになっておらぬものも多い事でありますが、地方によりてはやはり区別をされて、かなりの圧迫を受けているのも少からずあります。

「シュク」は守戸《しゅこ》で、昔の陵の番人だという説があります。これには有力な反対説もありますが、私はやはりこの守戸《しゅこ》の説を取りたいと思います。守戸は同じく陵墓の番人でも、賤民であった陵戸《りょうこ》とは違って、もと立派な良民です。陵戸《りょうこ》はいずれ罪人とか、その他社会の落伍者を以てこれに当てたのでありましょうが、守戸《しゅこ》はそうではありませぬ。これ陵戸《りょうこ》は賤民として疎外されますから、逃亡したりなどしてだんだんと減って来る。これに反して陵墓の数は次第に増して、墓守の需要はますます多くなって来る。そこで持統天皇の時に、陵墓の付近の良民を徴発して、三年交替にして陵戸の代理をさせた。無論その間課役を免ぜられるのであります。大宝令《たいほうりょう》の頃には、それが十年交替となりました。これすなわち守戸《しゅこ》であります。その守戸の十年交替が、ついに永久的のものとなったと存じます。課役を免ぜられ、生活の安全が保障されておりますと、その職務はよし賤くとも、乞食を三日すれば忘れられぬという諺の通りで、三年が十年になり、遂に永久的のものになるのは自然の勢いでありましょう。しかし守戸はどこまでも良民で、筋がよい。延喜式にも明らかに陵戸と守戸とを区別してあります。守戸はかく筋がよいのでありますけれども、その執《と》る職務は賤しい。ことに中世陵墓の制も紊《みだ》れて、守戸の扶持も行き届かぬ。人口はだんだん増して来て、生活に困難を生じて来るという事になっては、彼らは自然慣れた職業からして、陵墓以外一般世間の墓番をさしてもらう。葬儀の世話もする、屍体の取片づけもするという事になって、所謂隠坊《おんぼう》に堕落してしまっては、名は良民の守戸《しゅこ》たるシュクでいても、世間から賤視せらるるに至るのは、けだしやむをえなかったでありましょう。そうなって来ると彼らは、河原者や産所の者などと同じく、遊芸もやれば掃除人足にもなる。もと河原者たる京の悲田院の仲間と同じく、市中や村落の警固、盗賊追捕などの事をもやりました。兵庫の夙《しゅく》の如きはそれでもって、毎年町から五貫文、湯屋・風呂屋・傾城屋から各二百文宛《ずつ》、金持ちの祝儀・不祝儀の際にも各二百文宛を、権利として徴収することを認められ、また盗賊を捕えた時には、その身付の衣服をも貰う権利を与えられていました。これは慶長十七年の片桐且元のお墨付がありまして、徳川時代になっても、確かにそれが元禄頃まで実行されていた証拠の書類が遺っております。この点に於いてはかの番太《ばんた》などという仲間と同じものであったのであります。

夙が守戸だとの説の反対者は、例の本居内遠翁の「賤者考」で、今もこの説を採っている学者もあります。内遠翁は紀州の夙部落の実際を調査して、夙の名のあるものの十の中で、一つは皮多《かわた》、二つは付近に陵墓があるが、他の七つは全く陵墓に関係がない。しからばそれが守戸だという説は認め難い。思うに夙はもと「宿《しゅく》」とも書き、産所と同じく産婦がそこへ行って止宿した所で、その宿の場所が穢れたとして捨てられた所へ、浮浪民等が住み付いたのではなかろうかと云っております。

しかしこの説は少し考え過ぎたものであります。夙がもと守戸であるからとて、すべての夙村《しゅくむら》に必ず陵墓がなければならぬ理由はありませぬ。守戸《しゅこ》が既に守戸として実務を失い、その名も夙《しゅく》と訛《なま》って、その根原が忘れられ、隠坊《おんぼう》や、掃除や、遊芸や、警固追捕などの職に従事する様になっては、それと同じ事をしている同等階級の特殊民に、夙の名が及ぶのは一向不思議のない事です。穢多の名義は後に述べますが、普通は餌取《えとり》から起ったと云っております。しかるに餌取はもと主鷹司《たかづかさ》に付属した雑戸《ざつこ》でありまして、そうどこにでもあるものでありませんが、彼らは屠殺をなすが為に、一般に屠者を餌取という様になり、はてはその語の訛りなる穢多の名が、一般に斃牛馬を扱うもの、皮革の工業に従事するものにも及んだのと同様でありましょう。また現にその付近に陵墓がなくても、もと陵墓の付近にいた守戸が、陵墓の荒廃の為に扶持離れがして来る、人口が増して生活に困って来るとなっては、他の村落の付近に移住して、その村の用を足すの賤民となったのも多い事でありましょう。されば後世の夙が、必ずしもことごとく守戸であったとは言えませぬが、本来の夙は守戸で、それは良民であった。それが執《と》る職務が賤しかったが為に、遂に賤民になったというの事実は、否定し難いと存じます。そしてこれは貴賤が必ずしも民族関係の意味からではなく、職業からその区別が生じたという最も好い例だと存じます。穢多頭や穢多寺の住職はもと必ずしも穢多ではありませぬ。非人頭の悲田院年寄、もと必ずしも非人ではありますまい。しかるにそれが穢多や非人の仲間とされてしまったのは、永くその仲間にいたからであります。学者の家として大臣・納言をまで出した菅原氏・大江氏の如きも、もし中頃その職業を改めずして、祖先の土師《はじ》氏の時のままに、いつまでも葬儀を掌る家であったならば、いつの間にか夙の頭にされてしまったかもしれないのでありますが、早く転職した結果として、祖先以来の名家を辱しめず、さらにこれを立派なものに仕上げたのでありました。同じくシュクと云っても、その職業によって穢多になったのもあります。摂津三島郡に宿河原《しゆくがはら》という皮多村のことが、よく正徳・享保頃の文書に見えておりますが、同じ宿河原《しゆくがはら》でも、同国武庫郡のは後までも夙で、それを守具《しゆく》と書き、後には文字をかえて森具《もりぐ》村となっております。思うに三島の夙は、まだ分業の判《はっ》きりせぬ前に、皮細工をやっていた為に穢多になったのでありましょう。紀伊那賀郡の狩宿も皮多だとの事ですが、これも同じ結果でありましょう。しかし皮細工をやらぬものは、その身が穢れているとの念が少かった為に、穢多とは別派のものとして遺ったのでありましょう。

12　河原者と賤民

産所や夙以外に、河原者というのがまた賤民の一つになっております。河原者とは前に申した通り、京都鴨川の河原に小屋掛けをしていた浮浪民や、或いは河原で皮革を晒らした皮作りなどから起った名称でありましょうが、室町時代には掃除人足や、植木屋・庭造りなどに河原者を雇うた記事などがあるのを見ますれば、今日で云わば手伝《てつだい》とか、立《た》ちん坊《ぼう》とか、日雇取《ひようと》りとか云う類で、もとは夙や散所とも似たものであったでありましょう。そのうちから例によって遊芸人も出ます。遊女なども出て来ます。その中に皮革関係者は穢多となり、河原者の名は後世もっぱら役者に遺る様になりました。この沿革も詳しく申さば余程込み入ったものですが、今は問題のあまりに枝葉に渉るを避けて略します。

このほかにも、犬神人《つるめそ》だの、山番《やまばん》・野番《のばん》の番太《ばんた》だのと、種々の賤民もありましたが、大抵はもとは似たもので、それが後にいろいろに分派したものと解せられます。そしてその大体は、もとやはり社会の落伍者なる浮浪民が多かった事と存じますが、これも今一々は申し上げません。

13 傀儡子《かいらいし》と賤民

今日では山家《さんか》が浮浪民中の主なものとなっておりますが、昔は傀儡子《かいらいし》と言ったものがありました。後世では人形使《にんぎょうつか》いのことのみを傀儡子《かいらいし》だと心得、人形の事を傀儡《かいらい》だと云っております。よく新聞記事などに、誰は誰の傀儡である、誰は誰を操《あやつ》る傀儡子だなどということを言っております。黒頭巾《くろずきん》や黒装束《くろしょうぞく》に隠れて人形を使っているのが傀儡子、使われているのが傀儡だとのみ思っているのです。しかし昔の傀儡子は、そんな狭いものではありません。人形使いも無論傀儡子ですが、その仲間の遊女のことをも傀儡と云っておりました。傀儡子も傀儡も、共に「くぐつ」と読んで、そのほかいろいろの事もやっています。「万葉集」に遊行女婦《うかれめ》というのは遊女で、これまた一つの「くぐつ」であった。この傀儡子《かいらいし》のことを詳しく書いたものには、大江匡房の「傀儡子記」というのがありまして、これには平安朝当時の傀儡子の有様が、手に取る様に見えております。これに拠りますと、彼らの職業は主として狩猟でありまして、常に弓馬に熟し、また剣舞の様な事、大神楽《だいかぐら》の様な事、人形舞わし・物真似《ものまね》・手品使《てじなつか》いの類、種々の伎芸をやっておった。またその女は綺麗にお化粧して、美服を身に纏い、客に媚を呈して娼妓の様なことをする。これがすなわち当時の傀儡子で、彼らは一定の居所を有せず、次へ次へと生活上便宜の地を求めてテント住まいをする。真の戸籍帳外の浮浪人で、無論公民ではなく、租税をも納めねば王侯官吏といえども一向恐れるところがなく、全く無関係でありました。つまり彼らは農業を営まないから、食物は狩猟から得なければならぬ。もとはもっぱら狩猟によって生きていたでありましょうが、人口は段々殖える、獲《と》るべき動物は段々少くなって来る。それのみでは到底生きて行く事が出来ぬ。しかも一方彼らとて米食の美味を覚えて来る。結局彼らは人形を舞わすとか、手品を使うとか、婬《いん》を鬻《ひさ》ぐとかいう様な、身分相当の方法によって、生活の資を求めねばならぬ。しかも祖先以来の浮浪性を脱せず、土地を持たぬから土着の習慣も起らず、依然として浮かれ人のままで生活しておったのであります。その遊芸については、単に人の耳目を喜ばすというばかりではなく、例の通り人の一番喜ぶめでたいことを述べて、先方の幸福を祝うという、万歳・春駒・夷舞《えびす》わしなどの徒も、みなこれから出て来るのです。

そこでさらに遡って、本来傀儡子というのはどんな者であったかと申すと、これは主として土着の民族、すなわち国津神《くにつかみ》系統の民族と、世の落伍者とであろうと思います。これにも論拠はありますが、今は略します。ともかくも先住土着人の多くいた中に天孫民族が渡来した。そしてそれに接触した人々は、段々その方の風俗に化せられて、うまくそれに調和して、農業に従事するようになり、所謂「おおみたから」となって、帝国の公民権を得たでありましょうが、接触の機会を得なかったもの、同化の機会にはずれたものは、所謂班田にあずからざる雑戸《ざつこ》となって、種々の雑業に従事し、或いは祖先以来の浮浪生活を続けて、傀儡子としてながく後に遺る。こういう人々は公民でないから、みな非人である。されば非人と云い、「おおみたから」と云っても、本来民族的に区別はないのであります。そこで私は、諸君の誤解し給わざらんが為に、問題外ではありますが、いささか日本民族《やまとみんぞく》の成立を簡単に述べさしてもらいたいと存じます。

14　日本民族《やまとみんぞく》の成立

我々日本民族《やまとみんぞく》は、すべてこれ高天原から天降った天孫民族であると、そう考えている者が随分あります。或る意味から云えばそう申してもよい。私もそう申したいのでありますが、しかし我我は、決してそんな簡単なものではありません。これは歴史上から申しても、また人類学上から申しても、何人も否定し難いもので、我々日本民族は、もといろいろの民族が寄り合って、それがうまく結び合って出来た複合民族であります。もし天孫民族というのを、我々日本民族《やまとみんぞく》から分析してみる事が出来たならば、或いは案外その分量は少かったかもしれません。古伝説からみましても、天孫降臨の際にすでに各地に人民は居りました。所謂国津神の系統の民族です。そこへ天孫民族が来て、先住民を撫育し、これを同化し、互いに寄り合って日本民族は出来たのです。その中でも天孫民族という方が、比較的少数であったかと思われることは、古代の歴史上から、ほぼこれを想像するに足るの材料を求めることが出来ようと思います。まずは古代の天孫民族発展の歴史をみますと、しばしば先住民族との間に交渉問題がありますが、その交渉問題の中に於いて、最も著しく伝説上に現れたのは戦争であります。無論平和の接触が多かった事でありますが、それは常の事ですから歴史に上がっておらないのです。しからばその戦争に対して、天孫民族はどんな態度であったかと申すと、正々堂々と戦争していることは、極めて少いと云ってよろしい。大抵は欺討《だましうち》です。神武天皇御東征の時には、忍坂《おさか》の邑《むら》に酒宴を催《もよお》して敵を誘い、道臣命の合図で一挙にこれを皆殺しになされたとか、或いは景行天皇御西征の時に、土蜘蛛に赤い着物や珍らしい物を与えて招き寄せ、ことごとくこれを捕えてお殺しになったとか、同じ天皇の熊襲《くまそ》御征伐の時にも、熊襲の娘を誘うて親を殺さしめ給うたとか、日本武尊《やまとたけるのみこと》の出雲建《いずもたける》を誅せられる時に、まず和睦して共に簸《ひ》の川に水浴し、敵の虚に乗じてその太刀《たち》を木刀とすりかえ、遂にこれを斬り殺されたとか、また尊の熊襲御征伐の時にも、少女の装いをなして酒宴の席に交り、熊襲の酔いに乗じてこれを殺されたとか、そういうようなことが甚だ多く伝わっております。後世の武士道という方の側《がわ》からこれを見れば、実に妙な具合でありますけれども、これは智略勝れた少数の民族が、文化の後れた多数の民族に接する場合には、必要やむをえぬことでありまして、またそれには十分理由のあることであります。景行天皇が熊襲を御誅伐になる時に、明らかにその理由をお述べになっておられます。「今少しく兵を起したでは敵を滅ぼすことは出来ない。さりとて多く兵を動かせばこれ百姓の害である。なるべく兵刃《へいじん》に衂《ちぬ》らずして、坐《い》ながらにして目的を達したい」と仰せられております。同じ天皇が日本武尊を蝦夷征伐にお遣わしになった時にも、「願わくは深く謀り遠く慮り、姦を探り変を伺いて、之に示すに威を以てし、之を懐《なつ》くるに徳を以てし、兵甲を煩はさずして自ずから臣隷せしめよ」と仰せられております。これは「中臣祓《なかとみのはらい》」にも書いてあります事で、「豊葦原《とよあしはら》の瑞穂《みずほ》国を安国《やすくに》と定め給ふ」という事が、天孫治国の一大信条でありました。豊葦原の瑞穂国、すなわち我が日本の土地には、前から人民が沢山いる、その国を安国と平《たいら》けく治《し》ろしめすというのが大目的でありました。決して先住の人民を殺したり、放逐してしまったりして、その国を奪われたのではない。その国を安国《やすくに》と平定し、先住の人民を幸福なるものにすることが、一大目的なのでありますから、もともと多く敵を殺す必要はない。無論味方も大切で、これをも多く殺すことなく、つまり敵をも殺さず、味方をも損せず、双方無事に幸福なる国家を造ろうとするには、威を以て望み恩を以て誘い、ことごとく天皇の御徳に服せしむるにあるのであります。しかしどうしても手に合わぬ者は、やむをえず殺さなければならぬ。それには優秀なる智略を以て、その少数のものを殺して、多数のものを幸福ならしめる。この意味から欺討は行われたので、まことに先王仁慈の御心に富ませ給う御行為として、貴いことだと存じます。そしてそういう事件が引き続いて起っているというのは、少数なる優秀の民族が、多数の後れた民族に対する場合に、必ず起るところなのであります。我が先住民族が随分多数に繁延していた事は、石器時代の遺物遺蹟を調べても、容易に想像されます。そしてこれらの多数の先住民族は、絶滅したのではなくて、必ず後に子孫を残しているに違いありません。その民族の中で、早く天孫民族に同化し、「おおみたから」すなわち農民になった者は、国家の公民になりましたが、しからざる者は雑戸《ざっこ》となり、或いは浮浪の生活を続けて、傀儡子の類となって後までも残っている。しかし前申す通り、雑戸《ざっこ》は賤民ではありません。その中の陵戸のみは、賤民扱いでありましたが、その他のものは賤民ではない。よしや良民でないまでも、賤民というのとは別で、それも聖武天皇の時に解放されて、平民と同じくすという事になっております。浮浪民はこれは帳外で、所謂非人でありますが、それとて本来民族の違ったものではない。既に成立したところの日本民族を組織している要素の中には、同じ仲間が多数にいるのであります。そもそも日本民族とはどういう者かということは、ただ今諸君に差上げました「民族と歴史」の第一号に、「日本民族とは何ぞや」という題下に説明しておきましたから、それで以て御覧を願います。が簡単にこれを申しますれば、我々日本民族は、高天原から渡来した天孫民族と、及びその前からこの国にいたところの先住民族との融合の結果出来たもので、無論海外の帰化人もこれに同化してしまったのだと申してよろしい。我が日本の国には、神様に天神《てんじん》・地祇《ちぎ》という区別がありまして、すなわち天津《あまつ》神《かみ》・国津《くにつ》神《かみ》ですが、その天津《あまつ》神《かみ》とは高天原の神様、すなわち天孫民族の祖神と仰ぐ神様で、国津《くにつ》神《かみ》とは天孫降臨以前からこの国土におられた神様、すなわち先住民族の祖神と仰ぐ神様です。我が日本民族はこの両系統の同化融合からなったのでありますから、この両系統の神様を、所謂天神・地祇と相並べてお祭りする。すなわちいずれも国民共同の祖神であります。したがって太古から今日に至るまで、双方を崇敬し奉ることは変りません。近く明治・大正の御大典の際に於かせられても、大嘗祭に悠紀殿《ゆきでん》・主基殿《すきでん》において、天皇陛下はまず新穀を天津神・国津神に捧げ給うというようなことであります。最古の皇室の御成立の御次第を申しますならば、天孫瓊瓊杵尊《ににぎのみこと》が日向の高千穂峯にお降りになりますと、国《くに》津《つ》神《かみ》の事勝国勝長狭《ことかつくにかつながさ》という者が、土地を献上して服従し奉った。また同じく国津神の大《おお》山祇神《やまづみのかみ》は、娘の木花咲耶《このはなさくや》姫《ひめ》を尊の御妃《おきさき》として奉ったのであります。かくてその御子の彦《ひこ》火火出《ほほで》見尊《みのみこと》の御妃も、同じく国津神の豊玉姫《とよたまひめ》で、さらにその御子の鵜《う》草葺不合尊《がやふきあえずのみこと》の御妃は、その豊玉姫の御妹の玉依姫《たまよりひめ》と申すお方であります。そして神武天皇はそのお子様です。天皇大和に御即位になって、皇后をお立てになるに、国津神大物主神《おおものぬしのかみ》の女五十鈴《いすず》姫命《ひめのみこと》をお択びになりました。その後も多く国津神から皇后はお立てになっております。かく我が皇室の御先祖とます御方々の御系図を拝しまするに、一方では天津神の御系統から天皇、一方には国津神の御系統から皇后と申す様に、両方から相寄って、代々の天皇・皇后がお立ちになっておられます。かかる次第でありますから、神武天皇が橿原《かしはら》宮《のみや》に御即位になりまして後に、天津神の代表者として仰ぎ奉るべき天照大神《あまてらすおおみかみ》と、国津神の代表者として仰ぎ奉るべき倭大国魂神《やまとのおおくにみたまのかみ》とを宮中にお祭りになり、崇神天皇の御代までその通りで、代々の天皇殿を同じゅうしてこれを御崇敬になりました。後に天照大神は伊勢の五十鈴川上《いすずがわかみ》に伊勢皇大神宮として鎮座ましまし、倭大国魂神《やまとのおおくにみたまのかみ》は、官幣大社大和《おおやまと》神社として、今も大和に鎮座になっております。すなわち元は天津神・国津神の両方を、同じく宮中にお祭りになっておられたのであります。もし両者に軽重の区別があると言いますならば、天津神は父、国津神は母、天孫民族は夫《おっと》、先住土着の民族は婦《つま》の関係という位のところであります。これは皇室の御先祖の御事でありますが、一般人民から言いましても、必ず同じ関係があって、天津神の系統を承けている者と、国津神の系統を承けている者と、双方が相寄り相結んで日本民族は出来ている。その血縁の関係を尋ねてみれば、日本民族ことごとく遠いか近いかの親類と云ってよろしい。我々は普通に祖先は一人しかないと思っておりますが、それは家柄についてのみの事で、血統から申さば甚だ多い。まず両親が二人、祖父母が四人、曾祖父母が八人、高祖父母が十六人、十代前の祖先が五百十二人、二十代前の祖先が五十二万四千余人、三十代前の祖先が五億三千六百八十七万余人、五十代も八十代も前の祖先の数は、とても普通の数の言葉で言い表わすことの出来ぬほどの多数に上る訳であります。また先祖より子孫をみれば、さらにその数は非常に多くなっている訳です。これら多数の先祖なり子孫なりが、上からと下からと、網の目をすいたように組みあって、日本民族は出来ているのであります。したがって一切の国民はどこかで必ず縁がつながっている。したがって天津神も国津神も、ないし歴史上の偉人・哲士も、ことごとく我々の共同の祖先と申してよろしい。こういうことを申しますと、なんだか日本民族は合の子民族であるという様に御感じになって、或いは不快に思われるかしれませぬが、世界中何処を尋ねても、文明民族に単純な民族はありませぬ。そもそも人種・民族の区別というものは、どういうことから起ったかと申すと、いずれ元は同じものであったに違いありません。その同じ者の子孫が、長い間四囲の境遇を異にし、違った生活を営んでいると、だんだん容貌なり、風俗なり、言語なりが違って来る。これが為に人種・民族の区別が出来る。極めて遠い先祖に遡ってみたならば、人類はすべてことごとく同一人種に違いなかろうが、その中にだんだん分れて多くの人種になる。その中にも古く分れた人種と、新しく分れた人種とがある。この亜細亜《アジャ》人種とか、欧羅巴《ヨーロッパ》人種とか、亜非利加《アフリカ》人種とかいうものは、御互いに古い時から分れたもので、比較的遠い親類でありますが、馬来《マライ》人種などと言われるものは、右の区別に比べると、亜細亜《アジャ》人種とは比較的新しい時代に分れた人種と云ってよかろうと思います。もっとも人種と云い、民族と云うも、立て方見方によって、いろいろになりますが、まず亜細亜人種ならば亜細亜人種同士は、比較的近い時代に共同の祖先を有していた筈で、それが段々と分れて支那人・満洲人・蒙古人・土耳古《トルコ》人というようになって来る。これらも見方によっては、人種の別と言えぬ事もない。かくて段々と年代を経るに従って多くの枝がさく。三椏《みつまた》の木が一本の幹から段々と無数の枝に分れる様なものです。しかしそれと同時に人類は、違った人種・民族が、互いに結び合って一所になる傾きがある。彼方の枝と此方の枝とが一所になる。ずっと根本に近い様なところから分れ出でた枝同士でも、しばしば両方から引き合って、その中間の枝が出来る。

一方では次第に分れて行く傾向があり、一方では次第に結び付いて行く傾向がある。そうして新たに民族の数は殖えるが、御互い間の隔りは少くなって来る。世界一般を通じてもそれが行われ、一地方に於いてもそれが行われる。そうでありますから、あらゆる人類ことごとく、遠いか近いかの別はあるが、みな親類に違いない、その中にてずっと遠い昔に分れたものが、近く旧縁を重ねるものもあれば、近い親類同士で、さらに縁を重ねる者もある。いずれにしても遠い祖先から一本立ちのままのものはない。ことにそれが文明人には決してない。他と交通の少い、アフリカ内地の野蛮人などには、比較的古い時代に分れたままのものが、他と混淆する事少くして、いわば純粋に近いものが保存されてもおりましょうが、文明人にはそれは見られぬ。もっとも我が日本では、多年外国との交通が比較的少く、ことに近世鎖国攘夷の思想からして、外国人を非常に卑しみ、日本人のみが神様の子孫であって、外国人は猿や犬の仲間であるかの様に落しめたものでありますが、今日ではそういうことに対して弁解する必要はない程にも、邦人の知識は進歩しております。いずれこの島国は、もとは無人島であったでありましょうが、長い間他から人類が移住して来る。偶然来たのもあれば、故意に来たのもありましょうが、その早く移って来たのと、遅く移って来たのとの間には、もとやや遠く離れていたものもありましょうし、もと極めて近いもの、或いは全く同じものであっても、渡来の前後によって、政治的に、社交的に、違った民族の様に心得るものもありましょう。中にも天孫民族というものが一番優勢の地位を占め、所謂天孫降臨の伝説を境として、その前からいたものが国津神《くにつかみ》系統、新たに高天原から来たものが天津神《あまつかみ》系統、その後に来たものが海外の帰化人ということに区別されることになりました。そしてこれらの諸民族が、互いに網の目をすいた様に組み合って、子孫がだんだん増殖します。かりに一夫婦が平均三人の子を育て上げたとしたならば、十代目には約七千七百人、二十代目には一億六千六百八万五千余人、三十代、四十代となりましては、とても私らの算盤では数え出す事が出来ない程の多数になります。もしこの勢いで増したなら、日本国中山も野も、本当に錐を立てるの余地もない様になるのでありますが、仕合せな事には自然淘汰の理法によって、生存に適するものが生存し、適しないものが段々滅んで行く。つまり祖先の長所を受けついで、優れたものが生存し、祖先の短所を受けついで、劣った者が滅んで行く。優勝劣敗が断え間なく行われて、段々民族が進歩発達し、以て今日に至ったのであります。したがって智略勝れて仁慈の念に富む天孫民族の性質も無論受けておりましょうし、武勇勝れて向う意気の強い、然諾を重んじて君の御為には生命を鴻毛の軽きに比するという、武士道的な先住民の性質も受けております。手先の技巧の勝れて、込み入った意匠に富んだアイヌ系統の民族の性質も受けておれば、至って淡泊な、アッサリとコテづかない、考古学上に所謂弥生式系統の民族の性質をも受けついでいる。かくてその優良なるものが残ったのが我が日本民族であります。そしてその民族のすべては、優勝者であり、統治階級にいるところの天孫民族の伝説を信じて、天孫民族に仲間入りしてしまっている。先刻さしあげた「民族と歴史」の中にも書いてあります通り、枳殻《からたち》や、柚子や、橙や、いろいろの柑橘類が、みな温州蜜柑《うんしゅうみかん》の接木によって、ことごとく温州蜜柑《うんしゅうみかん》になってしまっているのです。もっともその出来上った温州蜜柑《うんしゅうみかん》も、台木の性質によったり、土地の肥瘠、培養の仕方、風土・気候の関係等に依って、必ずしもことごとく同一でなく、甘いのと、酸っぱいのと、大きいのと、小さいのと、肌の荒いのと、細かいのとという風に、種々の区別はありますが、同じく温州蜜柑としては区別がないが如く、日本の土地に色々な民族がおったことは確かでありますが、それがことごとく結び合って、天孫民族ということになってしまったものだと我々は考えているのであります。しかしてこれすなわち所謂日本民族《やまとみんぞく》なのであります。この日本民族は、後世階級思想が盛んになって、互いに結婚しなくなった様な部族の間柄でも、昔は構わず婚を通じておりました。したがってすべての日本人は、みないつかは親族関係を有したもので、本来は同じ者だという事になる。或いは地方により、また部族により、その組織上の要素の配合に、多少濃淡の差があるかもしれませぬが、大体に於いて同一日本民族たることを疑わぬのであります。

15　民族と貴賤

素人はよくこういう事を申します。貴賤の別は民族から起ったので、賤民として疎外されているものは、土人や帰化人の子孫ではなかろうかと申します。一寸そうも考えやすいことではありますが、我が日本民族《やまとみんぞく》に於いては、決してそんな事実はありません。

なるほど戦争に負けた先住民や、運の悪い帰化人が、奴隷になったり、人の嫌がる仕事をさせられたりしたものはありましょう。しかし同じ日本民族でも、運が悪ければ同じ境遇に落ちます。その代りに都合よく行ったものは、先住土着人の子孫であろうが、朝鮮人・支那人の後裔であろうが、立派に貴族になったものも沢山あり、また一般日本民族中に混入したものは、無論大多数を占めているのであります。それと同時に、奴隷なり、その他の賤民なりも、解放されさえすればいつでも良民になりうる者でありました。したがって我が日本では、民族上から貴賤の区別を立てて、これを甚だしく疎外するということは、少くとも昔はありませんでした。蝦夷人すなわちアイヌ族の出にして、立派な地位に上ったものも少くない。正四位上勲二等の位勲を有し、近衛中将で、相模・下総・播磨等の国守になった人などもあります。かの大納言にまで進んだ有名な征夷大将軍の棟梁坂上田村麿も、少くとも昔の奥州の人は蝦夷《えぞ》仲間だと思っておりました。安倍貞任・清原武則・藤原清衡のような英雄・豪傑、佐藤忠信・西行法師の如き勇士・歌人なども、家柄を尋ねたならすなわちみな蝦夷の一族でありました。このほかにも蝦夷出身の鎌倉武士は多かったことでありましょう。こういう連中が源頼朝の御家人《ごけにん》になり、その主君と仰ぐ頼朝の立身とともに出世して、もと制度上からは賤民の筈の家人《けにん》や、賤しい給仕階級の侍《さむらい》が、運がよいと大名にもなる。そうでなくても御家人・侍は四民の上に立って、「おおみたから」たる農民を卑賤のもののように見下してしまう様になりました。しかしもともと武士には蝦夷《えぞ》すなわちエビス出身が多かったから、「徒然草《つれづれぐさ》」などを始めとして、鎌倉南北朝頃の書物を見ますと、武士のことを「夷《えびす》」と云っております。鎌倉武士の事を「東夷《あずまえびす》」と云っております。北条泰時が貞永式目《じょうえいしきもく》という法律を作りました時に、「かように沙汰候を、京辺《みやこあたり》には定めて物も知らぬ夷《えびす》どもの書き集めたる文《ふみ》とて、笑はるゝ方も候はんずらん、憚り覚え候。」と言っております。北条泰時は勿論アイヌではありませぬ。しかし武士仲間に這入ったから、自ら謙遜して夷《えびす》と云っているのであります。

また九州の隼人《はやと》だとて、帰化の支那人だとて、朝鮮人だとて、皆そうであります。坂上田村麿がよしやアイヌの出であったとしても、彼は支那人の子孫だと自ら名告《なの》っておりました。そしてその妹か姉かは、桓武天皇の妃ともなっておられます。このほか支那人の名家は甚だ多く歴史に見えております。隼人《はやと》出の名家も少くはありますまい。民族的に云えば、日本民族を組織する要素の重なるものは、実にこの系統のものであったと私は信じております。平安朝の様な貴族的思想が盛んに発達して、貴賤上下の別の著しかった時代にも、なお「隼人は良人なり」と明示されています。また朝鮮人で立派な地位に上っている者も無論多い事であります。皇室とも御関係が深い。最近に梨本宮家と李王世子殿下と御婚約が成立したにつきましては、大変結構なことと存じますが、歴史を知らぬ人の中には、時々誤解をする人も無いでは無いやに承りますから、ついでながら一寸申し添えましょうなら、こういう類のこと実は今に始まったのでありませぬ。元来朝鮮民族と日本民族には、その成立の要素に於いて甚だ相類似したものと、私は確信しております。ことに昔は久しい間同一政府の下にもおりまして、両者の交通混淆も多い。皇室の御上について申さば、神功皇后の御母方は、新羅《しらぎ》の王子天日槍《あめのひぼこ》の後だとあります。また桓武天皇の御生母なる高野皇太夫人は、百済《くだら》王家から出られたお方でありす。その他にも百済王家から出て、天皇の妃になったお方も少からずあるのであります。

かくの如き次第で我が国では、民族の異同によってこれを疎外排斥するということはありませぬ。そしてもとは違った民族であったにしても、久しい間にはみな一つになっているのであります。したがってただただ境遇上の問題に依って、或いは貴ともなり、賤ともなり、その間に著しい区別を生ずることはよくありますが、その境遇が変れば自ずから貴賤の区別も変って来る。要するに我が皇室を宗家と戴き奉る天孫民族は、その度量が極めて広大でありまして、あらゆる民族をことごとく自分の仲間に入れてしまう。そして日本民族の大を成しているのであります。

16 山人と海人

右述ぶる如き次第でありますから、我が国では民族によって貴賤の別を立てませぬ。先住の土着人だからとて、決して卑しい者でも何でもありませぬ。その早く農業に従事したものは、疾《と》うの昔に公民になっているのであります。ただその中に山間僻陬《へきすう》の地に居ったり、その他の事情によって、早く皇化に染むの機会を有しなかったものは、往々にして落伍者となりました。日本民族というものが段々に成立し、社会の秩序が確立して、貴賤の区別が著しくなって来ますと、もと同じものであっても、前に落伍したものは容易に仲間入りが出来にくくなります。こういう者は比較的後までも疎外される事になりました。かの浮浪生活を続けたものでありますとか、祖先以来の狩猟漁業に活きた狩人・漁夫などの如き者は、往々にして取り残された仲間となりました。後世に山男《やまおとこ》とか、山姥《やまうば》とかいう名で、化物《ばけもの》ででもあるかの如く思われたり、山番《やまばん》とか云って、非人視されている輩の如きは、奈良朝・平安朝の頃には山人《やまびと》と云って、一向珍しくないことでありました。京都の平野神社《ひらののじんじや》や、宮中の園神社《そののじんじや》・韓神社《からのじんじや》の御祭には、山人《やまびと》を呼んで来て管絃を以て迎えて御馳走をする。また山人が庭火を焚き、例の祝詞《ほぎごと》を申すという儀式がある。平安朝になりましては、もはや山人《やまびと》をわざわざ京都まで呼ぶの手数を省いて、左右の衛士《えじ》が山人の代になって、この儀式をやっております。これは有名な国栖《くす》の奏などと併せ考うべきもので、国栖《くす》もやはり吉野山中の一種の山人《やまびと》でありました。山人とは山間の住民のことで、もと何ら里人と区別のないものであっても、里人《さとびと》が社会の進歩と共に風俗なども変って行くのに伴わずして、永く固有の習慣を存しておりましたから、いつしか変った者の様に思われて参ります。近い例が台湾の生蕃と熟蕃とで、里人なる熟蕃は支那人の風をなし、いつかは同化してその跡を没すべき運命を持っておりますが、山人なる生蕃の方は、今以てしばしば頑強に抵抗して、融和し難い障壁を設けておりまする。我が内地の古代の山人は、台湾の生蕃の様に永く抵抗する程の事はなかった。朝廷の儀式にも参列して、風俗の歌舞を奏したり、お祭に招かれて、御馳走を受けたりする位で、早く和熟して、次第に里人と区別のないものになってしまいましたが、たまに後世に遺ったものは、或いは山男《やまおとこ》だとか、山姥《やまうば》だとか、はては鬼などとか呼ばれて、まるで人間ではない、妖怪変化《ようかいへんげ》の仲間の様に思われてしまいました。これは堕落した山人で、里人は段々と進歩する。山人は段々と堕落する。その隔りが次第に多くなって、遂にこんなものに誤解されてしまったのであります。

元来オニと申しても、決して悪鬼羅刹《あくきらせつ》の鬼ではなく、もとは山人という位の意味であったでありましょう。大和大峰山中、一番奥にある前鬼《ぜんき》村の人々は、鬼の子孫だと云われていまして、紀伊粉河の北の中津川にも、その子孫と称する者が五家に分れているそうであります。また京都の東北の八瀬人《やせびと》が、自ら鬼の子孫だと認めておった事は有名な話で、彼らはもと他村の者と縁組もしなかったとも言われ、先祖の鬼がいたという鬼の洞が今もある。同じ京都の北の貴布禰《きぶね》神社《じんじゃ》の旧祠官舌《した》氏も、鬼の子孫だと言われていた。大和の宇智郡地方には、鬼筋という家柄もあるそうです。このほかにも鬼の子孫だという旧家は所々にあったが、要するにこれらは、先住民族の子孫だということを認めておったものでありましょう。山人が山間に遺《のこ》った様に、海浜にも海人《あま》が遺る。もっとも平地続きの海浜では、早く世間に同化してしまいますが、交通の極めて不便な、嶮しい山が海岸にまで逼《せま》っていて、地理的に他と隔離された所とか、或いは離れ小島だとかいう所には、往々にしてこれが遺る。その中には、豊後のシャアとか、日向のドンキュウとか、一種異ったものとして認められているのも少くありません。また特殊部落とまでは区別しなくても、他から結婚するのを嫌がるところも往々ありました。出雲の北海岸地方にいる者は、近傍の人がこれを夜叉《やしゃ》と云います。夜叉《やしゃ》はすなわち鬼の事で、これはつまり山人を鬼というのと同じことでありましょう。鬼が島のお噺もこれと同じ思想です。

17 穢多の起原とその変遷

右申す様な次第で、日本民族を分析的に区別しますならば、いろいろの名前のものもありますけれども、結局はみな同じようなものになってしまっているので、そうひどく種の違ったものが今日存在する訳ではない。貴あり、賤ある、畢竟境遇上の問題であります。したがって少くも古代に於いては、その境遇をさえ脱離すれば、もはや少しも区別のない者になってしまった筈であります。したがって古代の法律上で定められた賤民の如きも、大抵はいつしかその跡を絶ち、その後にも非人というものは、多くは解放されたにかかわらず、ひとり旧穢多のみが取り残された事は、前申した通り、彼らが殺生をなし、皮を扱い、肉を食うの習慣と職業とを有していたが故に、その身が穢れていると誤解された為であります。しからば今日これらの習慣と職業とが、あえて必ずしも疎外すべきものでなく、六千万人ことごとく肉食仲間になっている現在に於いて、なおかつこれを疎外することを止めないのを、放任してよいでありましょうか。言うまでもなくこれは多年の因襲の結果として、ただ何かなしに彼らは穢れたものである、我々と同席すべきものでないとの迷信に支配されている為でありまして、かく疎外排斥せられる結果、彼らはますます堕落のドン底に落ち込み、生活も不潔になれば、品性も劣等になる。社会はズンズン進んで行くのに伴わないから、ますますその距離が多くなる。したがって近づこうとする者までが近づきにくくなるという結果を生ずるのであります。世人が特に彼らをひどく賤しみ出したのは、徳川太平の世階級観念が次第に盛んになった時代でありまして、穢多に対して極めて同情なき取締りを加える様になったのは、徳川時代も中頃以後になってからが多いのであります。かくて末に近づけば近づくほど、取扱いが残酷になっております。これ主として彼らの人口が盛んに増殖した結果です。彼らの職業と住居とは制限せられておりますから、生活はますます困難となり、勢い世間に向って溢れ出る。これに対する防禦の圧迫が、次第に彼らを苦しめたのであります。何故彼らにのみ増殖率が多かったかは、攻究すべき問題ですが、事実は全くそうです。そこで徳川時代も中頃以前の様子を見ますと、彼らは独占の事業と、種々の特権とを有して、しかもその人口が甚だ少かったから、生活も安泰であった。穢多部落に富豪の多い事は往々記録に見えております。「倉廩《そうりん》充ちて礼節を知る」で、生活に困難がなければそう嫌がられる事もせず、世間に比して特に不潔なと云う生活を営む筈もありません。したがってそうひどく賤まれた筈はありません。実際彼らの執《と》っていた職務は、是非とも世間になければならぬ必要なものでありましたから、もしその仲間の数が少かったならば、世間から彼らの機嫌を取っても、是非勤めてもらわなければならなんだでありましょう。この際に於いて、特にこれを疎外するという筈はありません。しかるに世間の人口増殖に比して、彼らの人口が甚だ多く増殖しても、その割合に仕事は殖えない。その上住居がだんだん狭くなっては、彼らも生きんが為に多少の無理な事もせねばならぬ。世間に対して僅かな職を得んが為に、仲間同士で競争して、自らますますその地位を下げたという事もありましょう。横着な事をして世間から嫌われたという事もあったでありましょう。したがって世間の圧迫と擯斥《ひんせき》とは次第に彼らの上に加わる。その結果彼らはますます貧乏して、いよいよ不潔にもなったでありましょう。ことに維新後平民たるの権利をお上から与えてもらったのは、彼らにとって無上の幸福ではありますが、世間からは実際上その権利の行使を許してくれません。それにもかかわらず従来の独占と特権とは多く奪われて、国民としての義務は身分相当につくさねばならぬということになったので、それが狭い範囲に於ける人口の急激なる増殖と相俟って、一層気の毒な状態に彼らを陥れました。今日の特殊部落の状態を見て、古代の彼らを想像しては確かに真相を得る事は出来ません。

かく同情すべき情態のドン底にまで落込んだ彼らの起原は、そもそも何でありましょうか。これはすこぶる込み入った問題で、ここで詳細を申し述べる暇がありませんが、試みに簡単に申しますれば、屠者と、皮細工人と、それに河原者と、この三つが落ちあって出来たものであります。そして夙や散所などの徒の、これに仲間入りしたのもあれば、普通民でここに隠れ家を求めたものも、また勿論少からんことであります。

普通に穢多は屠者で、屠者の事を古《いにし》え餌取《えとり》と云い、エタという名もその「エトリ」の転訛だと言っております。穢多の名義については私に別の考えもありますが、「エトリ《えとり》」説もまた捨て兼ねますから、今はしばらくこれにしたがっておきましょう。しかし餌取はもと屠者でなく、屠者はまた穢多の全部ではありません。餌取とはもと主鷹司《たかづかさ》の鷹や犬に喰わせる餌を取ることを職とする一つの雑戸《ざつこ》で、後で云えば餌差《えざし》に当ります。餌差《えざし》は無論高尚な職業ではありませんが、そう穢多の様にも賤まれません。主鷹司《たかづかさ》の餌取は昔は随分威張って、我儘をして、市人《いちびと》を困らせた事がありました。この際に於いて餌取のみが、他の雑戸《ざつこ》仲間よりも特別に賤まれたという理由はありません。むしろ市人に対しては幅が利いた方であったでありましょう。しかるに主鷹司《たかづかさ》は、殺生を忌む仏教信仰の思想から、しばしば廃せられたり、また復旧したりしましたが、結局廃滅の運命に終って、餌取の仕事はなくなりました。平安京右京に餌取小路《えとりこうじ》というのがあるのは、もと主鷹司の餌取のいた所です。あたかも徳川時代の所々の城下に、鷹匠町《たかじょうまち》だの、餌差町《えさしちょう》だのがあるのと同じ事で、もと彼らは京の真中に住んでいたのであります。しかるに彼らがその職を失ってからは、慣れた仕事から屠者の群に投じたので、遂には屠者の事をも一般にエトリという事になったのでありましょう。

屠者はもと猟師で、獣を獲るもの自ら屠殺割肉の事をやっていました。また家畜の豚を屠る場合には、猪飼《いかい》がこれをやっていたのでありましょう。したがって特別に屠者という専門の職業もなかったでありましょうが、天武天皇以来牛馬を殺す事を禁ぜられ、年取って役に立たぬ様になった牛馬でも、飼主はこれを飼い殺しにしなければならぬ。そしてその斃死したものは屠者に渡す。屠者はその皮を剝ぎ肉を割き、ついでにこれを喰う。これが平安朝頃の屠者の実際で、仏教徒からひどく嫌《いや》がられたところです。そしてこの屠者には、もとの猪飼《いかい》や、餌取《えとり》や、猟師の或るものが成って、同時に彼らの或る者は、皮細工人《かわざいくにん》ともなったのでありましょう。これからだんだん屠者が賤しまれ出す。両部神道が起って、神様が肉の穢《けが》れを忌み給うという思想が盛んになっては、彼らは一層嫌《きら》われるの運命に陥りました。しかしそれは主として仏教の側から見たのであって、仏教がすべての人民に行き渡っていない当時に、彼らが一般世人からそうひどく擯斥されたとは思いません。仏教信者でもなおこの頃は、時として餌取仲間《えとりなかま》に這入り、仏徒の方でもこれに同情していた事は、「今昔物語」に見える餌取の話が、二つとも餌取法師の仏果を得た事を述べたのであるのを見て察せられます。実際屠者がなかったならば、死牛馬の処置にも困り、必要品たる皮革の供給にも手づかえを生じたでありましょうから、彼らの職業はむしろ世間から、歓迎されたのであったかもしれません。

次に皮細工人はもと屠者とは違います。これは純粋の雑戸《ざっこ》で、熟皮《なめしがわ》の技術に慣れた高《こ》麗《ま》人や、百済《くだら》人などがこれになったのもありましょうし、鎧作《よろいつくり》・鞆張《ともはり》・鞍作《くらつくり》等、その他一切の皮革を扱うもの、みなこれに属する訳です。そして彼らは聖武天皇の御代に於いて、立派に解放されて平民になっている筈です。穢多の事を古く或いは「細工《さいく》」と言ったのは、皮細工人ということです。その皮細工人の中でも、生皮を扱うものは穢があるというので、遂に穢多の仲間になってしまいました。されば彼らは本来の穢多ではありません。今でも地方によっては穢多と言う語はなくして、皮屋・皮坊などと云います。若狭に細工村という特殊部落のあるのも、皮細工人の意味です。上方あたりの古い地図や文書を見ますと、穢多というのは誠に少くて、多くは「皮田《かわた》」とあります。その皮田が法制上、みな穢多の中に巻き込まれたのです。もっとも穢多と云っても、昔は穢れた仕事のみをしたのではありません。「穢多」という文字は、初めて鎌倉時代の「塵袋」に出ておりますが、昔の穢多は井戸掘りや、御輿舁《みこしかき》をやっているのでありました。かかる「穢多」という様な、同情なき文字を使った世の中にも、なお飲料水を汲み出す井戸を掘らせたり、神輿を舁《か》かせたりしたのを見ますと、彼らがあえて穢れたものだとは思われていなかった事がわかります。また南北朝時代の貞治四年には、四条河原の細工が、祇園社の鳥居建立の穴掘りをしております。四条河原の細工とは今の天部《あまべ》部落が、なお四条河原の今の大雲院の地におった時代の事で、当時彼らは神事の建築にもたずさわっていたのです。

最後に今一つ、河原者とは浮浪民が京都の鴨川原に小屋住まいをしていたもので、彼らは今日の木賃宿に泊っている下級労働者と択ぶことのないものでありました。そしてその中にも、皮革業にたずさわったものが穢多となり、しからざるものは非人となり、末が二つに分れました。穢多を一つにもと河原細工人とも、また河原者とも云いましたのは、これが為でありましょう。

以上三つの流れが重なものとなって、所謂穢多は出来ました。そのすべてが穢多の称を受ける事になったのは、徳川時代に、一切の賤民を穢多・非人の二つに分けた為で、従来河原者と呼ばれたものも、皮田《かわた》と呼ばれたものも、いやしくも皮革を扱うものはみな穢多になりました。摂津三島の宿河原《しゅくがわら》、紀伊の狩宿《かりじゅく》などは、シュクの名のあるのを見れば、夙《しゅく》の族がいた所だと思われますが、これらが穢多になったのは、皮を扱っていた為と存じます。その代りに一方には、京都に於ける藍染屋《あいぞめや》・青屋《あおや》の如き、仏法で嫌う職業であったので、遂に徳川時代のやや下った頃までも、明らかに穢多仲間にされて、穢多と同じく牢番等をもなしたものです。しかしこれは職業があまりに違ったから、いつしか穢多から離れました。つまりは職業の問題から穢多というものが出来上がったのです。

徳川時代の穢多に関する制度を見ますと、江戸浅草に弾左衛門という者がありまして、鎌倉時代以来の穢多の頭として、これが関八州の穢多を統率し、その支配の下に、すべての非人等がおりました。彼らの主張するところによれば、その支配の下には猿舞わしもおりますれば、田楽《でんがく》や猿楽《さるがく》・舞々《まいまい》・幸若《こうわか》、その他種々の遊芸人もおります。金剛大夫が弾左衛門に渡りを付けずして、江戸で勧進能《かんじんのう》の興行をしたので、弾左衛門が手下《てか》の者を率いて、舞台へどなり込んだ話もあります。このほか遊女屋も、湯屋も、風呂屋も、陰陽師《おんみょうじ》も、神子《みこ》もあります。種々雑多の職人、例えば筆結《ふでゆい》・墨師《すみし》・弓矢師《ゆみやし》・絃師《つるし》・襖《ふすま》師《し》・表具師《ひょうぐし》・土器師《かわらけし》・焼物師《やきものし》・笠縫《かさぬい》・簑作《みのつくり》・石切屋《いしきりや》・左官《さかん》・櫛挽《くしひき》・蠟燭屋《ろうそくや》なども、みな穢多の支配の下におったものだと言っております。つまり昔の雑戸《ざつこ》と卑まれたものが、大抵その支配下にいたというのであります。京都では下村庄助（文六とも）というのが、百九石余かの高取りで、穢多頭として多くの皮田部落民を率いて、二条城の掃除をする役でありましたが、宝永五年に文六が死んであとが嗣がず、各部落は年寄支配になり、職務も牢屋の外番を命ぜられ、また悲田院の様に犯人追捕などの役義、或いは死刑囚の処置など、次第に人の嫌《いや》がる仕事の方へ向けられる事に変りました。しかもなお天部《あまべ》の小法師《こぼし》と称するものは、禁裏御所のお庭掃除のお役をつとめておりました。この小法師は後には蓮台野部落や、大和の部落から出ております。

かくの如く穢多の源流を尋ねてみますれば、何も彼らのみが賤まれる理由はないのでありますが、ただ彼らは穢れたものである、同居同火は神様に対して忌むべきものであるとの迷信があったが為に、世が下るに従って、段々とひどく賤められ、ことに人口が増す割合に仕事が殖えず、次第に生活難になったが為に、一層人の嫌がる仕事の方へ活路を求めて、ますます他《ひと》から賤しまれる。ますますひどく圧迫されるという事になる。遂には幕末維新頃の様な、最もひどい侮蔑を受けることになってしまい、維新後折角国法の上から解放されましても、実際に世間がこれを認めぬという有様になったのであります。これらのことはとても今日のこの短時間を以て、詳しい考証を申し上げることは出来ませぬから、まず大体を述べまして、委曲はいずれ「民族と歴史」の雑誌上に書いて、御参考に供するの機があろうと存じます。

18 結論

これを要するに、我が国には、民族の区別によって甚だしく貴賤の区別を立てる事は致しません。したがってもと違った民族であっても、うまく融和同化して、日本民族となったのであります。ただ境遇により、時の勢いによって、同じものでも貴となり、賤となる。今日特殊部落と認められているものは、徳川時代の所謂穢多・非人でありますが、それも非人の方は多くは解放されまして、穢多のみがみな取り残されております。しかもその穢多なるものは、もと雑戸《ざつこ》とか浮浪人とかいう方で、法制上の昔の賤民というものではありません。しかるに法制上の真の賤民の多数は、つとに解放せられて、中には大名とも武士ともなったのが少くなく、そうでないにしても、いずれも解放されて、今日はみな普通民の中に混《まじ》り込み、何ら区別されぬものになっている。そしてこれに代って穢多・非人が、賤民視されることになりましたが、その非人と言われる中にも、既に室町時代以来だんだん解放されて、最後まで河原乞食などと賤まれた俳優でも、今日は立派な芸術家として、よい身分の人々までが自らその仲間になる世の中になっております。万歳・春駒などの雑芸者の仲間や、ハチヤ・番太などの中には、まだ解放されずにいる者もありますが、世間のこれに対する感じはだんだん薄らいでいる。しかるにただ気の毒にも、旧穢多のみが比較的頑強に取り遺されているの状態にあるのであります。今日では一般世人が肉食をなし、身分ある人が皮革業を行って怪しまず、神もあえてこれを忌み給わぬ事実が証明せられているのでありますから、彼らがもと区別された原因は全く除去せられているのであります。しかるにもかかわらずなおこの区別撤廃の出来ないのは、彼らの実質内容如何によることも多かろうと存じます。したがって目下の必要は、彼らの実質の改善にある。世間の進歩に後れ、距離がだんだん遠ざかる様では、いかに理論が徹底しても、融和の理想的実現はむつかしい。

大体古くから賤民の解放さるるに至った歴史を見るに、必ず実力の充実とその機会とがある。徳川太平の世には、この機会というものが少かった。したがって圧迫が次第に加わり、堕落の程度は次第にひどくなって、もと実力のあったものまでがその渦中に巻き込まれてしまうの状態となった。言わば献身的に身をその部落に投じて教化に従事した穢多寺の住職や、浮浪民の世話をした悲田院の年寄や、外から穢多を監督した穢多村の或る年寄等までが、これを世襲していたが為に、みなその仲間にされてしまった。御本山までが殉教者の子孫たる穢多寺の住職を疎外したなどは、相済まぬ次第と存じますが、それが避けがたい時勢というものでありました。しかるに古来の歴史を調べてみますと、実力と機会とによって、立派に賤民の解放された実例が少からずあります。こういうことを申し述べますと、或いは部落民を煽動するという意味に誤解されるか知りませぬが、決してそうでない。私は歴史上から、彼らに自覚反省の資を与えたいと思うのであります。

本来民族の階級とか、社会の秩序とかいうものは、一つの機会と実力所在の移転とによって変って来る。もとより人そのものに先天的に貴賤の差別のあるものではない、しからばそれが日本の歴史上に於いて、いついかなる状態に行われていたかと申すと、その最も著しく起ったのは平安朝の半ばから、鎌倉時代の初めにかけての時であります。この時には旧来の貴族は実力を失って、ただ惰力によってのみ旧来の状態を維持しているに止まり、実力はむしろ彼らから賤視された武士階級にあった。しかもその武士なるものは、法制上から云えば家人《けにん》・奴婢《ぬひ》という類の賤民であったが、それが平安朝末の大変動によって、多く解放されて、従来家人《けにん》とか、侍《さむらい》とかいわれたものが、その賤しい名称のままで、かえって四民の上に立つような状態になったのであります。もう一つの場合は戦国時代でありまして、この時には鎌倉時代以来の旧家は多く潰れて、新たに名もないものが頭を持ち上げて参りました。これについて面白い記事が奈良大乗院の日記にあります。「近日は土民《どみん》・侍《さむらい》の階級を見ざる時なり。非人三党の輩たりといえども、守護・国司の望をなすべく、左右する能はざるものなり」とある。この土民とは農民で、もとの天下の公民として、家人・奴婢の上に立っておったものが、久しく下方に圧《お》さえつけられていたのであります。また侍《さむらい》とはもと賤しい職務であっても、実力を得た結果久しく所謂土民の上位に立っておったものであります。能《のう》の狂言などを見ますと、室町時代・戦国時代頃の大名・侍が、いかに威張って、しかもいかに馬鹿なものが多かったかが知られます。その空威張りして、しかも馬鹿者の多かった大名・侍等が地位を失い、土民との間に階級の区別を見ない。非人でも実力によっては守護・国司にもなろうとするのを、誰も抑えることが出来なかったのであります。今一つこういうことがある。前のは文明二年の条で、これは同じ文明の七年の条の事であります。「近日は然るべき種姓は凡下《ぼんげ》に下され、国民等は立身せしむ。自国・他国皆此くの如し。是れ併しながら下極上《ごくじょう》（下剋上）の至なり」とあります。従来は立派な貴族であった者が、凡下の輩に下《か》ってしまう。そして下に圧迫されていた国民輩が、次第に立身して来るというのでありますす。かくの如くにして、実力を得た賤者の解放は行われました。

右は社会の変動という機会に際して、実力を有した賤しい身分のものが、実力のない尊い身分のものに代った実例でありますが、機会は必ずしも社会の変動の際には限りません。今日は民族問題が世界を通じて討議せられ、特に我国では、人種平等の問題を以て世界に向って活動しようという際であります。しかも国内に於いて、民族の異同があるというのでもなき一部の同胞に向って、何ら区別すべき根本原因のなくなった今日、なおこれを区別する必要がどこにありましょう。また永く区別されていなければならぬ義務がどこにありましょう。今日は彼らの自覚せねばならぬ時であります。世人の反省せねばならぬ時であります。機会は正に到来しております。平和的に到来しております。ただ彼らはこれに副《そ》うべき実力を伴わず、特殊部落とか新平民とか云う様な、何ら侮蔑の意味のない名称に対しても、彼ら自身の実質上から侮蔑さるべき意味を付け加え、自分でその名称を嫌がっているのであります。細民部落とか後進部落とか云う様な、確かに侮蔑の意味を含んだ新しい名称に取りかえられても、その多数はこれに満足しなければならぬ様な情態にいるのであります。機会は来ても実力が伴いません。実力さえ伴いますれば、かつて家人《けにん》とか侍《さむらい》とかいう賤しい名のままにでも、立派なものになったと同じ様に、穢多非人の名のままでも、立派な身分になられるのであります。特殊部落と云えば特殊に親しむべく信用すべき部落、新平民と云えば新進気鋭の依頼するに足る人民ということにもなりうるのであります。今日は昔とは世の中の様子が変っております。昔の様に非人三党の輩が守護・国司の望みをなして、従来の守護・国司を踏み付けてしまった様な、国内限りの争闘をなすべき時ではありません。世界は広くなっております。同じく日本民族たる同胞が、互いに圧迫を加えたり、反抗したりするには世界があまりに広くなっております。特殊部落の成立沿革を考え、過去に於ける賤民解放の事歴を調査しましたならば、今にしてなお彼らに圧迫を加うることの無意味なることもわかりましょう。彼ら自身にもいたずらに憤慨し、或いは自暴自棄すべき時代でない事もわかりましょう。要は彼らの生活の改善、実力の養成であります。社会の進歩に後れず、社会と融和しこれと同化しうるだけの準備をなす必要が彼らにあります。しかも彼らをしてこれをなさしむるには、まず一般世間がこれに対する故意の、もしくは無意識の圧迫を解くを必要とします。彼らは目覚めねばなりません、世間は反省せねばなりません。いたずらに百数十万の同胞を苦しめ、国内の争闘を醸成すべきではありません。

貴重な時間を多く費しまして、清聴を穢した事について、厚く御詫びを申し上げます。

エタ源流考

1　緒　言

往時「エタ」と呼ばれておった不幸なる人々は、本来いかなる性質のものか、またいかなる事情からかくの如き気の毒なる境遇に落ちたか。この解決は自分の日本民族史研究上、最も必要なる事項であるのみならず、この人達と一般社会との真の融和を得る上にも、まず以て是非とも知っておかなければならぬ問題であると信ずる。

それについて自分は、「穢多」という同情なき文字の使用に甚だ多くの不愉快を感ずる。「エタ」という名がいかなる由来を有するか、いかなる意義を有するかについては、別項「エタ名義考」中に於いて管見を述べておいた。よしやその意義がいかにもあれ、「穢多」という文字は「エタ」の語を表わすべく用いられた仮字に相違ない。しかしそれが仮字であるにしても、かつて或る迷信の上から、彼らは穢れたものであると認められていた時代ならば、或いはこの字を用いておっても、幾らかその意味があったかもしれぬが、今日肉を喰い皮を扱うことが、必ずしも穢れではない、神明これを忌み給うものでないという諒解が出来た時代にまで、この不愉快の仮字を使用する必要はない。

実を言わば「穢多非人」の称は明治四年に廃せられたので、爾後「エタ」なるものは全く存在しない筈である、したがって自分は、もし出来るならば一切この忌わしい言葉を口にしたくないのである。しかしながら、過去の歴史を説く場合には、どうしてもこれを避ける事が出来ない。自分もやむをえず、不愉快ながら本編以下多くこれを使用しようと思うが、それにしても「穢多」という同情なき文字は、なるべく避けたい。どうでそれが発音をあらわすための仮字である以上、いかなる漢字を使用してもよいのであるから、自分は彼らの将来に天恵多からんことを祝福して、「恵多《えた》」という文字を使用したいと思う。しかしそれは余りに見馴れない文字で、過去に所謂「穢多」を表わすべく、読者諸君の理会を得難かろうとの懸念もあれば、しばらくはなるべく片仮名、もしくは平仮名を用うる事にしたい。万やむをえず漢字を用うる場合には、自他共になるべく「恵多」の文字に改めたいと希望する。

本編の目的は、所謂「エタ」が我が日本民族上、いかなる地位にあるものなるかを明らかにせんとするのにある。そして今説明の便宜上、まずその結論を初めに廻して、一言にして自分の所信を言えば、もと「エタ」と呼ばれたものは、現に日本民族と呼ばれているものと、民族上何ら区別あるものではないという事に帰するのである。ただその執っておった職業や、境遇上の問題からして、種々の沿革・変遷を経て、徳川時代の所謂「穢多」なるものが出来上がった。その川の末は「エタ」という大きな流れになっておっても、その水源は必ずしも他の普通民の祖先と、そう違ったものではなかった。その中に運の悪い道筋を取ったものが、彼方の山から、此方《こなた》の谷から、いろいろと落ち合って、遂に一つの「エタ」という大川になったのである。さればその本流・支流の水源を尋ねたならば、決してそう賤しいものばかりではない。またよしやそれが賤しいと認められていたものであっても、その流れのすべてが後の所謂エタになったのではない。或るものは所謂非人仲間に這入って、つとに解放せられているのもあれば、或るものは非人という階級を経ずして、そのまま普通民になっているのも甚だ多いのみならず、普通民の少からぬ数が、また後からここに落ち合っているのもあるのである。もとエタと呼ばれ、現に特殊部落民として認められているものは、現在北海道と沖縄県とを除いては、殆ど全国到る地方にあると言ってよい。北海道にも現にその筋のものの移住者が無いでもないが、それはつとに解放されて、特殊部落民としては認められておらぬ。また東京の様な入り込みの地方では、既に忘れられているものが甚だ多い。

現在部落民として認められるものは、普通民との数の比較の上から云えば、畿内地方から、兵庫・和歌山・三重・滋賀等、畿内の付近地方が最も濃厚で、岡山・広島等の中国筋から、四国・九州北部という方面がこれにつぎ、関東では埼玉・群馬などに比較的多いが、九州の南部、奥羽の北部など、中央から遠ざかるに従って次第に減少の態となり、青森県では現にただ一部落二百二十四人という数がかぞえられているだけである。

しかしながら、ともかくも彼らはかく広く行き渡っているのであるから、それが同一根源から蕃殖移住したものだとのみは考えにくい。各地に於いてもと起原を異にしたもので、同一状態の下におったものが、後世法令上の「穢多」という同一の残酷な名称の下に、一括せられたのであることは想像しやすいところである。したがって地方によっては、今もなおそれぞれ異った名称を用い、エタという名を知らぬ所すら少くないのである。

2　エタの水上《みなかみ》

徳川時代のエタは江戸と京都とを両中心としていた。江戸では有名なる弾左衛門が、関八州から甲・駿・豆・奥の十二州（或いは参遠の一部をも）の「エタ頭」として、寛政十二年の同人の書上によるに、当時エタ・非人七千五百二十八戸を支配していた。また上方《かみがた》では、京都で下村勝助が百九石余の御朱印を戴いて、「エタの長」として、山城から近江・摂津の一部にまで統率権を及ぼしていたのである。しかるに上方では、勝助が宝永五年に死んだ後、その跡が取り潰しになって、各村にはエタ年寄が、各自その手下のものを支配するのみになった。その他の国々では、それぞれに領主からその地の習慣に従い、取締りをエタ頭に一任しておいた様である。

かくの如きの状態で、江戸の弾左衛門を除いては、徳川時代に於いてエタ全体の仰視すべき大頭とも云うべきものがなかったが故に、弾左衛門の法が自然にエタ非人の法の如くに心得られ、上方地方のエタの伝うるエタ巻物などの類にも、しばしば弾左衛門のことを引き出している様ではあるが、しかもその弾左衛門自身が、もと摂州池田から鎌倉に移住したのだと伝えられている程であるから、もと各地にいたもので、後にその仲間に入れられたものの多かったことは勿論で、エタの起りとしてはやはり上方地方であった様である。

しかもその上方地方という中に於いても、京都が古く「エタの水上《みなかみ》」と認められていた。したがって地方に悶着が起って、彼らの不文法でその裁決に困った様な場合には、往々「エタの水上」なる京都へ来て、エタの仕来りを問い合せているのである。

正徳二年七月に、備後地方のエタと茶筅《ちやせん》との間に於いて、支配権限の争いが起った。そこで福山のエタ頭三吉村関助・九郎助の二人が領主の命により、京都へ上って、従来の振合いを問い合せに来た。六条村年寄の留書に

今度備後国茶筅共と、我々共触方の義に付、出入に罷成り、則御地頭様より、穢多の水上京都へ罷越、則茶筅と穢多共の甲乙之義、様子聞合せ可申由被レ為二仰出一。尤備後・備中の茶筅共之義は、おんぼう仕、穢多の支配下にて無レ之由を申出し、出入に罷成候。依レ之福山穢多頭より、京都にて皮田頭中え右出入の品委曲に申上度候と申、則書付持参仕候事

口　上

一、今度私共国方に、皮田村とちやせん共と甲乙の義に付、御番所様え先年之通申上

候所に、被二仰出一候は、其方共之頭京都皮田村え罷登り、相尋可レ来之由被レ為二仰出一候。依レ之各々様え相尋申上候。委細被二申聞一候者、可レ忝候已上。

正徳二辰年七月　備後国福山皮田三吉村

三　八　九　郎　助

同　関　助

京　都　皮　田　村

頭　中　様

この争いの結末は、茶筅等は京都四条坊門極楽院空也堂の支配下であって、彼らの名前が同寺の古帳にあるとの主張であったが、調査の結果「本寺古帳に左様の者一人も曾て無之」との回答を得て、エタ方の勝利に帰した。

享保三年にも江州甲賀郡森尻村のエタと、非人与次郎との間に、芝居櫓銭《やぐらせん》十分一取打の事について出入りになり、京都へ問い合せに来た事があった。その結果代官所の裁決にて、「諸芝居十分一右森尻村の皮田へ請取候様に被レ為二仰付一被レ下候て、則所の番人共一切十分一請取不レ申候」ということに落着した。

このエタの水上《みなかみ》というのは、果していかなる意味であろうか。

3 エタの元祖

「雍州府志」にエタの起原を尋ねるものにとって、見のがし難い文句がある。

凡穢多之始、吉祥院南小島為レ本。

著者黒川道祐が何に拠ってこの言をなしたかは今これを知る事が出来ぬが、天和・貞享の古えに於いて、彼がかく判然たる記事をなすべく、確かな伝説のあったものと解せねばならぬ。小島は桂川辺の一村落で、古えの石原里《いしはらのさと》に当る。そして有名なる佐比里《さひのさと》は、その西北に当っていた。小島から西、桂川に沿うてもと昇揚《かきあげ》という古い部落があった。或いはその辺がその佐比の一部に当るのであったかもしれぬ。そしてこれらの地が平安朝の放牧葬送の地であった事は、「雍州府志」に小島をエタの始めということと、関係がありそうに思われる。「三代実録」貞観十三年の条に、

閏八月廿八日、制二定百姓葬送・放牧之地一。其一処在二山城国葛野郡五条荒木西里、六条久受原里一、一処在二紀伊郡十条下石原西外里、十一条下佐比里、十二条上佐比里一。勅曰、件等河原是百姓葬送並放牧之地也。而愚昧之輩、不レ知二其意一、競好二占営一、専失二人便一、須下令二国司一、屢々加二巡検一、勾上レ令二耕営一。犯則有レ法焉。

とある。この佐比里は有名なる賽河原《さいのかわら》の俗伝の起った場所であった。

小島は或いは単に島と云い、維新後付近の石原村と合併して石島村と云い、今は吉祥院村の大字となっている。石原・佐比・久受原・荒木は、共に桂河辺の土地で、川の流れとは反対に、斜めに東南から西北に存していた。これは紀伊・葛野二郡の古代の条里制の研究から、ほぼその位置を推定することが出来る。中にも佐比は平安京右京第二縦大路（西大宮大路の次）なる、佐比大路の名と関係のあるものらしく、その大道が南に延びて桂河に達する所、すなわち佐比の河原であった。佐比・石原共に、百姓の墓地及び牧場として指定された土地であってみれば、いずれそこには、これらの世話をした人民がいたに相違ない。これやがて小島（島）・舁揚《かきあげ》（築山・大藪）等の部落の起原をなしたものではあるまいか。中についても島の地は、鴨の川原と共にその以前からも庶民の墓地であったと見えて、仁明天皇承和九年十月に、「左右京職・東西悲田に勅し、並びに料物を給して、島田及び鴨河原等の髑髏総べて五千五百余頭を焼かしむ」との事が「続日本後紀」に見えている。この島田すなわち後々所謂島（小島）の地であろう。鴨河原とはすなわち今の賀茂川の河原で、当時賀茂川は勝手に我儘をして、今の京都河原町から寺町あたりにまで氾濫し、広く河原をなしていたものであった。そして今の天部《あまべ》部落は、もとこの鴨河原の住民で、後に四条河原の細工とも呼ばれ、やはりここで放牧葬送の地の世話をしておったのがその起原であったかと察せられるのである。これらの島や鴨河原へ、餌取《えとり》や余戸《あまべ》の本職を失ったものが流れ込んで、所謂河原者をなし、その或る者はエタと呼ばれ、或る者は天部《あまべ》と呼ばるるに至ったものではあるまいか。しからば所謂「エタの水上」なる京都に於いては、もと鴨河原や島田河原の葬送や放牧の世話をしていたものに、餌取・余戸等の失職者が落ち合ったのを以て、所謂エタ源流中の本流とすべきものと解せられる。その中にも、「穢多の始は吉祥院の南の小島を以て本と為す」という「雍州府志」の記事は、ここがエタ最初の場所だと語り伝えられていたものと思われる。

4　エタと餌取《えとり》

餌取はもと主鷹司《たかづかさ》被管の雑戸《ざつこ》で、後世の餌差《えさし》と同一のものであった。彼らがもと必ずしも賤民でなかったことは、別項「餌取考」に於いて述べておいた通りである。そしてそれがまた或いはエタの名の起原でありうべきことも、また別項「エタ名義考」中に述べておいた。そしてその餌取本来の居処は、平安京右京第三坊で、佐比大路の西三町目にある餌取小路《えとりこうじ》にその名が残っているのである。しかるにその餌取らは、殺生を忌むの風習が盛んになった結果として、主鷹司の廃止とともにその職を失い、為にもとの居処に最も近い、桂河原の佐比・石原の地に流れ出して、放牧・葬送等の世話仲間となったかと想像される。けだしこれ最も自然の成行きであらねばならぬ。またこれを地理上に見るに、昇揚部落、すなわち今の大藪・築山辺の地は、餌取小路の南端、南京極の地から正南僅かに二十町で、小島はその東方僅かに六七町の距離を有するに過ぎないのである。ことにこの佐比・石原等の地が、葬送・放牧の場所として指定せられた貞観十三年という年は、主鷹司の廃せられた貞観二年を距る、十一年の後であることも、またこの推測を確かむべき有力なる一材料となすべきである。

職に放れた主鷹司の餌取らが、いかなる運命に向かって進むべきかは、元禄年間生類憐みの沙汰から、当時の餌差らが取った運命を見ても察せられる。

「京都御役所向大概覚書」に、

洛中洛外餌《え》指札《さしふだ》之事

一、町餌さし三十四人

右前者人数不二相極一、所々に罷在、御上洛之節御鷹餌差上来候由。然る処に板倉内膳正殿在京之節、吟味之上人数三拾四人に相極り、小鳥之殺生斗《ばかり》可レ致旨にて、小鳥札被二出置一候。其後所司代に札被二指出一候処、内藤大和守殿所司之時分より、札不二相渡一候。元禄七戌五月　小原佐渡守殿所司之時分、小出淡路守申談、御鷹無レ之に餌差と申儀成りがたく候。外の家業無レ之及二飢命一候と有レ之上は、向後町猟師に罷成候様に被二申付一候由。

元禄拾六未年九月松平紀伊守殿御所司の時分、水谷信濃守申談、京都町餌指之儀、殺生御停止に候間、相止《とめ》候様餌さし三十四人え申渡、証文申付候。

とある。放鷹の事が廃せられて、扶持を失った餌差らが、他の職業なくしてたちまち飢餓に逼ったので、町猟師としてなお殺生を許されていたのが、後にはいよいよその殺生をも差し止められたのであった。しかしこの場合に於いても、彼らが他の職業を有せぬ事はやはり前同様であったであろうから、生きんが為には日雇取りにもなり、紙屑買い・畠番・下駄直し、そのほか人の嫌がる営業にも、従事しなければならなかったに相違ない。宝永七年に、京都北山甚兵衛開《びらき》の中紙屋川《かべかわ》付近の畠番らが、生活に窮した結果六条村エタ年寄の組下になり、雪駄直しの仲間に入れてもらったなどは、彼らが当時解放された町餌差の成れの果てでないにしても、また以て往時の主鷹司の扶持に離れた餌取の末路と、同じ運命を語っているものではあるまいか。

屠者《ほふり》をエトリということも、また餌取の末路を語っているものである。桂河辺に来てエタの本をなしたという人々は、まさかに墓守と屠者とを兼業することもなかったであろうが、他の道をたどったものは、彼らの慣れた営業がもと肉を扱うにあったが故に、所司代から命ぜられていた餌差が、扶持に離れて町猟師になったが様に、獣類屠殺の方に向かって流れ込むに至るのは、また最も自然の成行きであったに相違ない。屠者はもと餌取の全部ではない。餌取は屠者の一部分たるに過ぎない。これは別項「屠者考」に述べておいた通りである。しかも解放された餌取が、屠者の群に入ることになっては、京の人に耳近い餌取の名が、一般屠者に及ぶのも自然である。ここに於いてかすべての屠者《ほふり》が餌取の名で呼ばれ、後には他の賤職の者らと共に一括してエタとなり、しかも吉祥院の南の小島部落が、そのエタの元祖だとして認めらるるに至ったのではあるまいかと思われる。

「雍州府志」にはまた小島の事を記して、

此処有下称二乃保里《のぼり》一者一。是有レ罪人曝二道路一時、紙旗記二罪状一、書二姓名一、先以レ竿棒二持此旗一。斯徒毎日輪次掃二除二条城外之塵埃一。是出レ自レ棄二不浄一者也。

とある。この事は「塩尻」(「古事類苑」引)にも、

今に島(吉祥院)の保里(これまた悲田院の部類、刑罰の時紙簱に罪状姓名を筆とる者)毎日二条城外の塵穢を掃除するも、中世よりの風歟。

とある。のぼりは「幟」で、罪状を書いた旗から得た名である。罪人を扱い、汚穢を掃《はら》う。これまた彼らの職務とするところであって、これらの事についてもエタの本と認められた小島の者が、もとはやはり特別の関係を持っていたものと思われる。

5 エタと余戸《あまべ》

余戸《あまべ》の事は詳しく別項「余戸考」に説いておいた。彼らは農民以外の雑業に従事する雑戸の民で、もとは公民の戸籍以外に置かれていたが、少くも聖武天皇の御代に、雑戸を解放して平民に同じくすと定められて以来は、推しも推されもせぬ良民であった。彼らは各地に分散定住していたのみならず、京都の大きな官署内にも寓居して、雑工・駆使・掃除等に従事していたことは、大学寮の古図に余戸の一区が画されているのによって察せられる。南北朝から室町時代の文書にしばしば見えている東寺の散所《さんじょ》法師の如きも、またこの類であったらしい。散所法師の掃除人等がサンジョの名を得た事は、別項「産所考」に説いておいた。これらの官署付属の余戸は、朝廷の紀綱が弛んで、官署頽廃に帰するに及んで、自然その職を失い、主鷹司の餌取が取ったと同様の運命に陥る事は、けだしやむをえなかった。もと四条河原にいた天部《あまべ》部落が、今になおあまべの名を伝えているのは、けだしこれら京内の余戸の職を失った或る者が、ここに落ち込んで賤業に従事し、依然その名の遺ったのかと察せられる。天部部落はもと四条河原の、今の寺町大雲院の地にいたもので、南北朝頃には、彼らは細工と呼ばれていたらしい。「祇園三鳥居建立記」（「続群書類従」所収）に、

貞治四年六月十六日、四条河原細工九十人□召レ之、鳥居穴掘レ之。酒直一連半□レ之。

猶穴不足之間、以二此□□一下穴掘レ之。足代木一貫五百文之由、最初大工雖レ載二損色一、料足不レ可レ為之間、為二神□□一、流レ自二堀川一□（四条か）河原細工、丸太木（廻り九寸余）九支、丹波三郎口木廿支、以二堀川一寄方朝乗法橋借用、社人ニ今日以二雑役一送二渡之一。

云云。

と見えている。なおエタと細工との関係は、次項を見られたい。

「芸苑日渉」には、あまべという事を解して、これすなわち穢多だという様に解している。「越多《えつた》の種落之を阿麻別《あまべ》と謂ふ。和名抄を按ずるに、載する所諸国の郷名に余戸《あまべ》と称する者一国或は十余所に及ぶ。（中略）。昔王化の盛なるや、唐土・三韓の民の来帰する者、国史記を絶たず。（中略）。其の陋《いやし》き者は、当時之を諸国に分置し、各自郷をなして土着者と相雑はらず。故に其の種落を謂つて余戸となす。大抵外国人獣肉を屠るに慣る。故に屠を以て業と為す。後世仏教の盛に行はるゝや、人獣肉を食ふを忌み、遂に屠戸を見る事人類に非ざるもの、如くす。」と言っている。もとより甚だしい誤解ではあるが、これらの説が本になったものか、エタは外国人の子孫だなどという俗説が、よく坊間に唱えられている。

余戸が必ずしも外国人でなく、またエタでもない事は言うまでもない。諸国に余戸《あまべ》の名を有した地は多かったが、京都の天部部落以外に、自分はそのエタとなっているものの多きを知らぬ。ただ京都の余戸は、解放された主鷹司の餌取と同じく、職を失った結果或いは鴨河原に住みついて、京人の為に掃除・皮細工その他の賤業に従事し、或いは屠者の群などに投じたが故に、自ずから石原里すなわち小島なる餌取の末路と同じく、身分職業の類似からエタ仲間になったに外ならぬと認められる。

6　エタと河原の者

後世では河原者とだに云えば、これ直ちに非人の称で、特に歌舞伎役者を賤しんで呼ぶ場合の名となっておるが、昔はエタと非人との区別も判然せず、エタの事を河原者とも呼んでいた。室町時代文安元年の「下学集」に、

　穢多　屠児 河原者

とある。当時に於いては屠児すなわち獣肉を扱う者をも、河原に住んで賤業に従事した河原者をも、共にエタと呼んでいたのである。否河原者の或る者が同時に屠児であって、為にその名が共通になっていたのかもしれぬ。これも室町時代の「七十一番職人尽歌合」に、「穢多」という題で、

　人ながら、如是畜生ぞ馬牛の
　　河原の者の月見てもなぞ

とある。また「壒嚢抄」（文安三年）には、

河原の者エッタといふは何ノ字ゾ。

と題して、エタの餌取たる事を説明している。すなわち少くも室町時代には、エタを或いは河原者と云っていたことが察せられるのである。ことにこの「壒嚢抄」の記事は、従来河原ノ者と云うのが普通であって、それをこの頃エッタと呼びならわしたのが耳新しかったについて、この説明の必要があったものと思われる。

エタをもと河原ノ者と云ったことは、後世のエタ仲間に於いてもこれを認めておった。彼らの仲間に伝うる諸種のエタ巻物なるものの中に、この事に関して種々の付会した説明を加えてあるのが多い。「河原細工由緒記」というものに、

此職人河原細工人ト申者、滑革者不㆓水辺㆒者不㆑成故、往古為㆓此職㆒、江河之辺ニ移住。故河原細工人ト申也不可混河原者

とある。細工人の事は後項に述べる。エタに河原という名のあった事は、右の文によっても確かであるが、特にその割注に、「河原者と混ずべからず」と断ってあるのは面

白い。後世普通に所謂河原者は、彼らの下と見做した浮浪人であったが故に、彼らは自ら高く標置して、その混同を避けんとしたものである。

また別本河原巻物と称するものには、エタの事を河原仁《かわらびと》と書いてある、

　抑河原仁の氏神と申奉るは、天竺毗舎利国大王、縁太郎王子と申候。云々。

別本にはこの縁太郎王子を円多羅ともあって、エタという言葉の語原を説明すべく設けた名らしい。

さらに「別本河原細工由緒巻」と称するものには、河原細工と書いてある。

　此職を河原細工と申す儀は、滑革をなす事は流水にあらざれば調はざる故、此職を務むる者は常に河原に於可レ営レ之。依レ之河原細工といふ。此職を務者、勝手に付居宅を江河の滸《ほ》とりにて造らせたり。

とある。前に述べた天部部落の事をかつて四条河原細工と云ったとあるのは、すなわちこの河原細工のことである。また明和七寅歳孟春日、御僕小法師忌部川田某署名の無題文書にも、彼らの氏神を勢州渡会郡安部川原に川原神社と祠るともある。彼らの或る者が、かつて河原者として呼ばれていた事は、到底疑いを容れないのである。なお河原

者のことは、別項「河原者考」について見てもらいたいが、要するに、かつて河原者という名称で呼ばれていたものは、今日の木賃宿住まいの下級労働者・雑遊芸人、ないし手伝い・日雇取りという様な類で、その中にも皮革業にたずさわったものはエタとなり、祝言・遊芸等に従事したものは後世所謂河原者となったものと解せられる。

7　エタと掃除

徳川時代にも、エタ以外に「掃除」という賤民のあった地方がある。本誌一巻二号三十八頁に書いておいた通りで、阿波に於いてはそれが猿牽《さるひき》と共に、往々人形使いや義太夫語りになっている。この掃除は、阿波では美馬・三好地方に多かった様であるが、他ではエタや猿牽・茶筅の中へ雑《まじ》ってしまったのであろう。京都地方のエタは、徳川時代の始めには下村勝助統率の下に、二条城の掃除が公役であった。また禁裏のお掃除をする小法師というものも、また京都付近のエタであった。「雍州府志」に、

禁裏院中掃二棄塵埃一者謂レ覆《こぼし》。是丹波山国之人。

と云い、「塩尻」（「古事類苑」引）にも、

禁裏院中の御築地の塵穢を掃ふ者は、丹波国山岡（国の誤謬）より来り、是を己募志《こぼし》

といふ。塵穢を覆ひ棄るの謂歟《いいか》。

とあるのによれば、もと山国から出ておったかとも思われるけれども、少くも元禄・正徳の頃には、禁裏のお掃除役たる小法師は、主として天部部落から出ておった。「京都御役所向大概覚書」に、

余部村小法師勤方

一、禁裏御目通御庭掃除、余部村小法師八人え被二仰付一候訳、左に記レ之。

西院村より　米六石三斗三升八合

三条縄手裏　同五斗五升

知恩院東川ばた屋敷　同一斗一升八合

右の通三ヶ所より知行被レ下レ之候。此外に御切米四石、二月・十一月両度に被レ下。掃除被二仰付一候節は、為二中飯一壱人に米七合宛被レ下レ之候由。

右者従二古来一掃除役人之名小法師と名付、今以知行御切米被レ下レ之。則余部村に六人罷在候。寺町今出川下ル町ニ壱人、上立売下ル瓢簞之図子に壱人。右弐人は掃除御用之触夫いたし、右八人として相勤申候由。

とある。六条村エタ年寄の留書にも、元禄十一年に淀城主へ、天部村お役田地並に小。

法師御扶持方田地を書き上げた事が見えている。

しかるに享保九年六月頃、天部村の小法師失態の事あって所役召上げられ、七石の扶持もお取上げになった。その後享保十二年に至り、大和丹波市ほか六村から八人のものが許されて、小法師役を勤める事になった。蓮台野から出る事になったのは、この後の事かと考えられるが、年代が確かでない。或いは小法師は他から出て、蓮台野の年寄与治兵衛がその組頭を勤めていたかとも思われる。蓮台野の与治兵衛は維新まで引続きこの役をつとめ、明治三十二年にその由緒を申立てて、士族に編入されたものであるそうな。（この士族編入事件には問題がないでもないが）宝暦十年に、この野口与治兵衛から、仕丁頭中へ出した願書の控に、「私儀親代より引続き三代、小法師御用無レ恙《つつがなく》勤来候」とあるのによれば、享保九年から後間もなく、この方へ職務が移ったとして勘定が合う。いずれ小法師の事は、さらに別に考証して書いてみたいが、要するに彼らは御所の掃除人足である。これは東寺の掃除人足を散所法師と云ったのと同じく、もと僧形をなしていたものらしい。明治三十二年に京都府へ出した「小法師由緒書」には、

元僧侶にして、往古御遷都（奈良より京都への御遷都）の砌《みぎり》、南都より供奉、平安京へ移住し、数十代連綿として、日々禁中御内儀御口向へ参勤し、御殿先、御庭廻りの御清掃を奉仕するお掃除役に御座候。

とある。この語り伝えが、果してどれだけの価値があるかは知らぬが、大学寮に余戸があり、東寺に散所法師のあった様に、宮城にも古くから掃除担当の小法師なるものがあったらしい。

エタと僧形との関係も由来すこぶる古い。紀州ではもと彼らを穢多法師と云った地方があったそうな。「賤者考」には、東国にてエタを俗にエッタボウシというともある。「延喜式」に、

凡鴨御祖神社南辺者、雖レ在二四至之外一、濫僧・屠者等不レ得二居住一。

とある濫僧を、ロウソウと読んで、弘安頃の「塵袋」には、エタの仲間に入れてある。自分の郷里阿波の南方《みなみがた》では、身なりの賤しいものをロウソウと云う語があった。自分ら子供の時分に、しどけない風をしていると、「丸でロウソウ見た様じゃ」と云って、笑われたものであった。「塵袋」に、

子細知らぬ者はラウソウと云ふ乞食等の、沙門の形なれども、その行儀僧にもあらぬを濫僧と名づけて、施行ひかるゝをば濫僧供《らうそうく》と云ふ。其れを非人・かたひ・ゑたなど、人まじろひもせぬ同じ様《さま》のものなれば、紛らかして非人の名を穢多に付けたるなり。

とあるのは、鎌倉時代の実際らしい。しからば小法師は「雍州府志」や「塩尻」の云う如く、覆《こぼし》すなわち塵埃をこぼし捨てるの義ではなくて、掃除すなわちキヨメが僧形をしていたからの名とも解せられる。

鎌倉時代に掃除人足をエタと云った事は、また「塵袋」によって最も明らかに立証せられる。同書に、

　キヨメをエタと云ふは何《い》かなる詞ぞ。穢多。根本は餌取と云ふべき歟。餌と云ふはし、むら鷹の餌を云ふなるべし、其れを取る物を云ふなり。

とある。「塵袋」の著者はエタの語を以て餌取の転音だという事を認めながら、当時またキヨメをエタと云ったので、その語の説明を下したものである。キヨメは言うまでもなく「清め」で、汚穢物を掃除する者の名であった。「今物語」に、ある蔵人の五位が美人の後をつけて、一条河原のキヨメの小屋に行った話がある。すなわち小法師・散所法師の類で、それを鎌倉時代には屠者の仲間に入れて、エタと呼んでいたのであった。小法師がキヨメなる掃除人足であったが為にエタ仲間になったのか、エタ仲間からキヨメなる掃除人足の小法師が出たのであるかは疑問であるが、ともかくも汚物掃除の賤しい職に従事したものが、またエタの一源流をなしている事は疑いを容れない。

因みに云う。小法師は禁中お庭掃除の外、藁箒及びお召の草履を献上する例で、御紋

付の提灯をも許されておった。これはいつ頃から始まった例かは知らぬが、また以て彼らがもとは格別穢いものとして認められていなかった証拠ともなろう。小法師組頭野口与治兵衛の子孫は、今もその実物を持っていて自分に見せた。また緑雲生という人が「明治の光」に出した奈良県下の部落名の説明中に、磯城郡川西村梅戸の姫廻伊織という人も、先代までは宮中のお召緒太《めしおぶと》を献上した旧家で、御紋付の御用絵符や、御紋付の提灯を持伝えているそうである。同郡三宅村上但馬の旧家浅田源衛門の子孫も、禁裏御用の絵符を伝えているという。享保四年の「弾左衛門書上」(「江都官鑰秘抄」引)にも、「禁中様御召繭金剛《ござこんごう》、大和国長吏指上、御扶持代物にて頂戴仕候。並、御花砌之掃除、長吏小法師と申者八人にて相勤、御扶持頂戴仕候。其上様々御拝領物御座候由承及申候。」とある。例の御厨子所《みずしどころ》の供御人《くごにん》などと同じく、或る時代から彼らが縁故を求めて、往々禁中へ近づいていた事はこれらによっても知られるのである。

エタと掃除との関係は、この小法師や、二条城の掃除人足のみではない。徳川時代以前には、むしろ掃除がエタの本職であるかの如くにまで解せられていた様である。「慶長見聞書」(「古事類苑」引)に、武州幸手の月輪院僧正が、エタの由来を説明した中に、

小野妹子大臣を御使にて、唐え被渡候て、初て穢多渡る。(中略)。かれが子孫多くなり、社々寺々の掃除の為に、山下に於て寺の残飯にて養ひ申候由、伊勢の間の山、高野に谷のもの、北野の宮地、祇園のつるめそう、叡山の犬神人、皆是寺方の掃除の為

なり。

とあるのは、起原の説明としては勿論取るに足らぬが、エタが社寺の掃除を業とした実際は、これに由って知る事が出来る。かの東寺の散所法師の如き、またこの類の一つであったであろう。かくてそのキヨメ等が一体にエタと呼ばれる様になったのは、鎌倉時代以来の事であった。大永三年に鶴岡八幡宮の別当法眼良能から、山ノ内・藤沢の長吏に与えた文書にも、「八幡宮掃除下役、無二懈怠一可二相勤一。」とある。鶴岡八幡宮の掃除も、もとエタの任務であったのである。徳島藩でも、城の掃除は付近のエタが勤めていた。

8　エタと細工人

京都の天部部落がかつて四条河原大雲院の地におった時に、四条の河原細工と呼ばれた事は既に述べた通りである。エタの或る者が細工《さいく》または細工人と呼ばれた事のあったのは疑いを容れぬ。若狭の三方郡細工村は、もとエタ村として認められていた。また福井県史の編纂に従事せられている牧野信之助君、同県史蹟調査委員たる上田三平君の報告によると、このほかにも若狭には、文永二年の若狭大田文にある細工保というのが、二箇所まで特殊部落となっているらしいとの事である。前にも引いた彼ら仲間に伝うる「河原細工由緒記」に、

抑革類細工人之探二尋於源本一者、人王十一代垂仁天皇之御宇、於二朝廷一曰二上毛野八綱田与睦毛野谷根強一有二英雄一。此時狭穂彦ト申者発二謀叛一。依レ之此両人征罰之蒙二綸旨一、直引二出官軍一、征二討於叛逆人一。於レ之龍顔開レ眉、御感不レ浅。莫大之恩賞ヲ給フ。雖レ然如為何《イカンセン》。佞奸之被二折纔(マヽ)奏一、独根強蒙二勅勘一。剰被レ遠二流鎮西筑紫一。哀哉不運而於二配所一終二落星一也。于レ時有二遺子一名曰二副国《ソヘクニ》一。左江久仁訛而細工人ト伝云フ

とある。この副国《そえくに》が鈿目命《うずめのみこと》の教えによって皮細工を始め、それがエタの元祖となったのだというのである。今一本には、遺子の名を佐恵久仁とある。もとより荒唐不稽取るには足らぬが、彼らに細工人という名のあった事はこれを認むべきものである。細工というのは大工に対する名で、必ずしも皮細工のみには限らぬ。しかしながら、各種の細工人の中で、皮細工に従事するものが遂にエタ仲間に落ちたのである。そこでエタの或る者に細工人の名が付いて、その祖先を佐恵久仁《さえくに》と云ったなどいう付会の伝説も起ったものであろう。六条村の留書を見ると、平場細工という語がある。皮細工・藁細工・竹皮細工などのことを云ったものであろう。ともかく彼らは人の扱うを穢れとした皮革、人の足に踏む履物《はきもの》などの細工をして、世人から賤しいものと見られたのである。各地にエタのことを皮屋・皮坊と云い、或いは訛ってかわっぽう・かぼう・かんぼうなどとも云う。或いは彼らが広く皮田《かわた》と呼ばれたものは、この皮細工人から得た名である。皮田

は或いは「皮多」とも書いてある。もとは「エタ」という名よりも、この方がむしろ広く、かつ多く唱えられていた。享保頃の大坂所司代支配下の村々を表わしたと思われる古地図には、摂津・河内あたりの穢多村をことごとく区別して記してあるが、しかもそれを「穢多」と書いたのは僅かに二つで、他はことごとく「皮多」と書いてある。京都付近のエタも、もとは大抵皮多であった。「カワタ」の「タ」は弟人《おとうと》をオトト、素人《しろうと》をシロトという如く、皮人《かわうと》をカワトと約《つづ》め、それがカワタと訛ったものか、或いは番太《ばんた》・売女《ばいた》・丸太《まるた》・ごろた（丸くごろごろする石）などの「タ」の如く、無意味に付けた語であるか。いずれにしても皮田が皮細工人の義である事は明らかである。「賤者考」の説に、皮田はカワタでなくてヒデンである。京都の悲田院の非人から起って悲田《ひでん》を「皮田」と書き、これを「カワタ」と読む様になったとあるが、従うことが出来ぬ。例の巻物には、彼らが江河の辺に住み、皮細工に従事していたが、人口増殖してそれのみでは生活し兼ねるので、その江や河の辺に田を開き、耕作に従事した。それで江田（穢多）とも、河田（皮田）とも云ったのだと説明している。もとより付会取るに足らぬが、彼らに皮田の名のあった事はこれによっても察せられる。

しからばすなわち後世エタといわれるものの中には、皮細工に従事していたが為に、一括してその仲間に入れられたものの甚だ多い事は明らかで、これ実にエタの諸源流中の重なるものであると言わねばならぬ。しかもその皮細工人はもと皮作の雑戸で、賤民ではなかった。なお皮細工人の事は、委細別項「細工人考」について見てもらいたい。

9 エタと青屋《あおや》

古え青屋《あおや》もしくは藍染屋《あいぞめや》・紺屋《こうや》などと呼ばれた染物業者は、エタの仲間と認められておった。「雍州府志」に、

> 凡所レ在二洛内外一之紺屋、以二藍汁一染二衣服一者、号二青屋一、又称二藍屋一。如レ今紺屋為二染屋之通称一。其中青屋ハ元穢多之種類也。穢多並青屋、毎レ有二刑戮一、此徒必出二其場一、預二斯事一。或磔レ尸、或梟レ首。

とある。これは著者黒川道祐の貞享頃の実際を書いたものであるが、「其の中に青屋はもと穢多の種類なり。」とあることについては疑問がある。「弾左衛門書上」によると、青屋はエタの下につくべきもので、少くも関東では、青屋すなわち穢多ではなかった。「慶長見聞書」にも、エタが青屋を自分らの下だと云っているとある。しかるに上方《かみがた》では、それがエタ仲間にせられ、エタと共にエタ年寄指揮の下に、初めは二条城の掃除役に役せられ、後には牢屋の外番、罪人処刑、処刑者の張番などを命ぜられ、また青屋大工というのは、火炙り・鋸挽き・磔などの刑の場合に、その道具の製造をも仰せつかったものであった。青屋の中には、口実を設けてこれを拒んだものもあったが、泣く子と地頭の命には勝つ事が出来ない。たといその出所いかなる人であっても、いやしくも青屋・

紺屋・藍染屋・かせ染屋等の職に従事したものは、皆その仲間に一括されてしまったのである。これらの経緯《いきさつ》は、別項「青屋考」中に詳説して、ここに略するが、要するに、彼らは、単に職業上の誤解から、その仲間にされたものとの事を疑わぬ。けだしもと青染には、動物性の染料を交えておったと言われていたので、これはいずれ染織史研究家の教えを乞いたいが、ともかく彼らは、その理由から仏者に賤められたのであった。そして彼らが、その職業上からエタ仲間にされたということは、後世に所謂エタなるものが、職業上から種々の流れを合せて一つとなしたものなる事の、最も著しい例証とすべきものである。

上方の青屋がエタ仲間と認められたのは、徳川幕府以前からの事であった。それは別項引くところの「三好記」に証拠がある。そして既に彼らがエタ仲間になってみれば、自然世間との縁組にも故障が多く、為に中にはエタ村から養子を貰ったなどの実例もある。しかし彼らの職業は、普通にエタと呼ばれたものの職業とはあまりに多くの懸隔があった。ことに同じ染物屋でも、当初から純粋に植物性染料を用いた紅染屋の如きは、決して賤しいものとはされていなかったのである。そこで藍染屋も草藍を用いて、特別に穢れたものだとの誤解を除かれる様になっては、自然にエタ仲間から遠ざかる。牢番等の役儀に対しても、番代銀をエタに交付して自身その役に当る事を忌《いや》がり、さらに後には全くその賤役から離れる事になったらしい。これはエタといえども、職業をやめて年を経れば足洗《あしあらい》が出来て、純然なる素人になれたという遠州地方の習慣とともに、彼らが本来職業上から区別されたものである事の、よい実例をなすべきものであろう。

10 エタと産所

産所《さんじょ》という一種の賤民のあった事は、つとに「賤者考」や「近江輿地誌略」等によって注意された事で、柳田君の「郷土研究」にもその説が出ておった。これに関する自分の研究は、別項「産所考」に詳説しておいたから、それについて見てもらいたい。けだし彼らはもと産小屋《さんごや》の地にいて、産婦の世話をすることを以て、生計の重なるものとしておったものらしい。しかるに後には産小屋の風も次第にやんで、それだけでは生活が出来なくなったので、或いは掃除人足ともなり、或いは遊芸人ともなり、遂に今日では各地とも殆ど消えてしまったのである。そしてその或る者は、やはりエタの仲間へ流れ込んで、所謂エタ源流の一つをなしていることと思う。現に丹後には、算所と称する特殊部落民もある。また東寺の散所法師は平安京九条の地、信濃小路猪熊の西にいたので、後に九条のエタというのは、或いはこの末ではなかろうかと思われる。（この部落は早く退転して、後に遺っておらぬ。）今もなおもとのエタ村のものが、産時の汚物取片付けの面倒を見る習慣を存する地方の少くないのも、これと思い合される。別項島尾正一君の報告によれば、越中氷見のトウナイと称する部落民の如きは、今以て産婆の仕事を実行しているそうである。彼らはばまたははばさと呼ばれて、産婦の宅に聘せられ、あらゆる面倒を見ているのである。また出雲の三保では、ハチヤ部落へ行って産をする習慣があったという。これらはけだし産所の遺風が遺っているのではあるまいか。

産所がもとの産小屋の地に住んだままで、一種の特殊民になっていたもののほかに、彼らが東寺の散所法師の如く、一旦掃除人足となって、汚物の取片付けなどに任じた結果から、所謂キヨメの徒として、エタ仲間になったことのあるべきは、既に「エタと掃除」の章に於いて述べておいた。ただしその遊芸人となり、特に操芝居《あやつりしばい》の人形舞わしなどとなったものの如きは、もとは同じ流れであってもエタにはならず、久しく非人扱いを受けていたが、それらはつとに解放されて、もはや今日では何人もこれを嫌がるものはない。質朴な農民等は、田植休みや秋祭の際に、氏神の社頭で人形芝居を豊楽に興行し、自ら彼らの仲間となって、人形を舞わしてあえて不思議としないのである。

なおサンジョについては、別の考えも持っているが、それは「産所考」の説明に譲っておく。

11　エタと夙《しゆく》の者

現今特殊部落と言われているものは、大多数旧時のエタであるが、エタとは別種のものとして、ことに上方地方には夙というのが多い。これらは旧幕時代には、エタ程には賤まれなかったが、それでも今なお特別のものに見られているものが少くない。エタの方からは自ら賤者の頭として、彼らをもその下に見ておった様であるが、彼らはかえってエタよりはよい筋のものだと云っているらしい。夙《しゆく》の起原沿革は、別に「夙の者考」

に述べておいたが、要するに夙もともとは御陵守の守戸《しゅこ》で、初めは良民であったとしても、その職業上から賤まれて、エタとの間に賤しい程度に於いて、そう相違のなかったものらしい。しかるにエタが職業上から特別に賤まれる様になった際に、彼らはそれから除外されたので、世間からエタ程に嫌われなかったのである。もっとも後のあらゆる夙が、ことごとく守戸であったというではなく、階級の類似から、その名の及んだものも多かろう。ともかく世間から賤まれたものであったから、もと夙と言われたものの中にも、皮革業などを行ったものは遂にエタ仲間になってしまった。「夙」或いは「宿」とも書き、やはり河原に住居を構えたものも少くなかったとみえて、「宿河原」という地名が所々にある。上方では摂津旧島下郡と旧武庫郡とにそれがあって、「徒然草」に虚無僧《ぼろんじ》の仇討で有名な宿河原は、普通に武庫郡の方の事として解せられているが、実はどちらだかわからぬ。武庫郡の方のは後までも「夙村」として認められ、吉井良秀氏の「武庫の川千鳥」の説によると、「元禄元年社寺御改御吟味帳」には、西宮町の分郷「夙」とあるそうである。後にシュクを守具と書きかえ、さらにそれをモリグと読んで、今は地図にも森具になっている。ところが同じ摂津の宿河原でも、島下郡の方のは、京都のエタ頭下村勝助指揮の下に、二条城の掃除役をつとめ、後には牢番斬罪等の事にも役せられた。摂州十三箇村の皮田村の中にその名が数えられている。享保三年に天部《あまべ》村の手下《てか》伊左衛門、六条村の手下《てか》権兵衛・大西屋庄左衛門の三人が、皮田村改めに摂津国へ下った時の調査報告に、島下郡では西富田・岸部・吹田の穢多村と共に、「宿河原家数廿軒計、二人歩、組頭喜左衛門・甚兵衛」ということが見えている。

また「賤者考」によると、紀伊で「宿」という名のつく村数計十箇所の中で、他の九箇所は普通の夙であるが、那賀郡名手郷馬宿村の中の狩宿村は皮田で、これは別だとある。しからばこれも摂津島下郡の宿河原と同じく、もと夙の名があっても、その職業からエタ仲間になったものであろう。

大和畝傍山麓の洞村の如きも、もと陵戸か守戸かであったと思われるが、後世の地図には「穢多」と書いてある。守戸ならば良民で、夙の起原をなしたものと思われるが、それがやはりエタ村になっている。

しからば夙の中の或る者は、またエタの流れを構成する源流の一つとなっているのである。

12　境遇からエタ仲間になった人々

かつてエタ寺として擯斥せられた寺院の住職は、当初は他からエタ教化の為に住み込んだもので、もとは無論エタではなかったに相違ない。したがってその血脈を受けた子孫が、当然殉教者の後裔として、特別の尊敬を受くべき資格のあるものたる事は、別項「特殊部落と寺院」の中で詳説しておいた。またエタ頭・エタ年寄などについても、中には他からこれを支配していて、遂にその仲間になってしまったものも少からぬ事が想像される。

浅草弾左衛門はもと摂津池田から嫌倉へ下り、長吏以下のもの強勢なるによって支配仰せ付けられたものだと云っている。一説に源頼朝の落胤だとまで主張しているが、もとよりそれには確かな証拠はない。古代に於いても、部民《べのたみ》を統率する伴緒《とものお》なるものは、必ずしもその部民と出自を一つにするものばかりではなかった。蝦夷の兵隊たる佐伯部《さえきべ》の長佐伯宿禰《さえきのすくね》は、大伴氏の族だと信ぜられている。土師部《はじべ》の長たる土師連《はじのむらじ》は野見宿禰の後で、出雲国造家から出たと信ぜられている。しかしその部下の職業が賤視されてみると、自然その部長の身分にもさしひびく。土師連も部下の土師部が葬儀を掌る役目であったので、自然と人から厭われる傾きを生じて来た。そこでこの土師氏を外祖母家に有し給うた桓武天皇は、土師氏の祖先以来の職を改めて、菅原・大江等の文学の家になされた。かくてその家からは右大臣菅原道真だの、大江匡房・大江広元などの名士も出たのである。土師氏にしてもし、この際職業を改むる事がなく、葬儀を掌《つかさど》ることが引続いて後世に及んだならば、いつしか世間から擯斥せられることになったかもしれない。京都天部部落の年寄松浦氏の如きも、もと平戸松浦家の一族で、その部落の地がまだ空閑であった際、ここに幽棲の地を求めていたのだと云っている。そこへたまたま天正年間、天部部落が四条河原の大雲院の場所より移って来た。しかし当時はまだ特に彼らを嫌う念が少かったので、松浦氏はそれと相隣接して住んでおった結果、遂にエタ年寄役を勤めることになったのだと云っているのである。また京都川崎村すなわち今の田中部落の年寄治右衛門は、もと部落外の人で、今出川口立本寺裏に住んでおった。今も同家に元禄十二年の宗門人別改帳を伝えているが、それには賀茂郷立本寺裏町治右衛門屋敷というのがあって、自分もそこに住んでおったばかりでなく、彼は数戸の貸家を有し、その借家人には数多《あまた》の市人が住んでおったのである。（立本寺は賀茂川西、今の出町付近にあった。）延宝八年に六条南組の年寄与三兵衛と、北組年寄の嘉兵衛との間に出入りがあって、町奉行所へ訴え出たことがあったが、この時川崎村年寄治右衛門と、千本野口の年寄甚左衛門とが扱いによって無事落着した。その済状には今出川口年寄治右衛門と記名してある。また享保六年の留書にも、今出川治右衛門の名が見えている。思うに治右衛門は、彼の家の口碑に存する如く、もとは外から部落を支配していたものが、後に仲間になって部落内に移ったものであろう。後世の如くエタが特別に賤まれる様になった時代の目を以てこれを見たならば、いかにも実らしからぬ様ではあるが、古代に於いては必ずしもこの類の事は不思議でなく、また珍らしくもなかったものであろう。

エタにして名家の子孫と称するものはすこぶる多いが、その言うところ必ずしもことごとく信ずべきものでないのは無論である。けだし昔のエタにはかなり富裕なものが多かったから、彼らがだんだん世間からひどく賤まれる様になったについて、自己の出自を尊くし、これに対応せんが為に学者に嘱して系図を偽作したものも少くはなかろう。中には喰詰めの学者どもが、自ら勧誘して金儲けの為に系図を作ってやった場合も少くはない。自分の訪問した日向の或る傀儡子部落では、村民の多数がそれぞれ源平藤橘の立派な系図を持っておった。しかもそれらはいずれも元禄頃のもので、おそらく同一手に出来たものだと認められたのである。この様な訳で、少くも世間の系図が多く信ぜられぬと同じ位の程度に、もしくはその以上に、彼らの伝うる系図にも信ずるに足らぬものが多いのは勿論であるが、さりとてそのことごとくが偽物とのみは言えなかろうと思う。

榊原政職君の長崎より送られた通信（一巻六号四三頁）によると、かの地方には切支丹信徒が、政府の迫害を避けて半ば治外法権なるエタ部落に隠れたのが多かったという。これには反対の通信もあって、自分はまだ確かな調査の暇を持たぬが、当時の宣教師がエタに注意していたのは事実であるから、或いはもとからのエタ部落で、熱心なる切支丹信者となったのがあったかもしれぬ。しかし口碑の如く、政府の干渉の比較的少かった自治体に隠れて、その信仰を続けている中に、遂にエタ仲間になってしまったのだという事も、またありそうなところである。

以上列挙した様なものは、もとは部落外の良民であったが、その境遇の為に仲間になったので、また以てエタ源流の一つに数うべきものと思われる。

13　社会の落伍者とエタ

エタ部落民の人口の増殖は、徳川時代を通じて普通部落民のそれよりもすこぶる多かった。これは別項「特殊部落人口の増殖」に於いて論じた通りである。そしてその増殖は、内的から来たもの、すなわち生産率と死亡率との差によるもの以外、社会の落伍者が、ここに比較的安楽な生活を求めんが為に、或いは身を隠すに適当な場所として、多く流れこんで来たという、外的原因のものもすこぶる多かったに相違ない。

宝永七年に京都北山甚兵衛開《びらき》の内、紙屋《かべ》川端《かわばた》の小屋者が、生活難から雪駄直しをなさんが為に、一札を入れて六条村の手下になった事があった。

頼申口上の事

一、私共北山辺に罷在候畠番之者共に御座候。然る処に私共渡世の為、町方へ罷出雪駄直し仕候へ共、皮田役の年寄無二御座一候義に付、町稼ぎ難義致し候故、蓮台野村年寄方に頼申候へば、則蓮台野村より被レ申候様は、当村は六条村の枝郷にも有之候間、頭村の六条村相頼申様と被レ申候故、蓮台野村と相談の上にて、此度其許様を頼度候間、六条村の手下と被レ成、御支配被レ成可レ被レ下候。然る上は御公儀様より被レ為二仰出一候御法度之御趣、堅相守り可レ申候。為レ其頼申書付如二に（ママ）斯一御座候。已上

宝永七年寅八月

紙　屋　川　組

三郎兵衛（外十四名連署）

これはもとからの番非人が、生活難の結果エタの手下となり、その支配を受ける事になった一例であるが、普通民でも生きんが為には時に賤業をも辞する事が出来ずして、その手下となって職を得るという場合の多かった事は言うまでもない事であろう。こと

にエタがまだ甚だしく賤まれなかった時代に於いては、一層それが多かったに相違ない。

追放の刑を受けて他国に赴いたものが、容易に安住の場所を得難かった事は、別項「来《きた》り人《にん》の地位と職業」中にも述べた通りである。彼らは幸いに普通部落内に住み着く事が出来たとしても、子々孫々来り人として疎外されたものである。しかもその安住を得る迄に、生活の資を求むる事の困難は想像以上であったであろう。この場合に於いて彼らが生きんが為に身をエタ仲間に投じて、比較的得やすい職に活路を求めたのも少くはなかったであろう。文化九年の「阿波国海部郡多良村御蔵穢多棟付御改帳」に、

一、壱　家　　乙　石　　歳拾三
此者曾祖父太郎左衛門義、享保十二未年棟付御改帳に、見懸人穢多と相付居申所、此度棟付御取調に付、彼是御詮義の上、穢多と付上候様被二仰付一候に付、右の通付上申候。（家族連名略）

一、壱　家　　吉兵衛《御蔵穢多》　　歳四十六
此者祖父吉兵衛義、（以下同文略）（中略）

一、壱　家　　助三郎《御蔵穢多》　　歳三十四
此者祖父五郎兵衛義、何方の穢多に御座候哉相分不レ申候得共、先年当村へ罷越、建家仕、右伜助之丞、其子当助三郎迄、三代住居仕居申候。此度棟付御取調に付、重々相行着候得共、出所相分不レ申行当り、奉二恐入一、有体申上奉レ願候処、彼是御詮義

の上、当村穢多に被㆓仰付㆒旨被㆓仰付㆒度候。

などある。見懸人とは、その村に本籍を有せぬものが現にその村に住んでいるのを見かけて、見懸銀を負わせたものの称で、多くは他国からの浮浪民の土着者である。右の乙石・吉兵衛・助三郎等は、祖父或いは曾祖父の時代に他から流れて来て、このエタ村に住みついたものであった。彼らは或いはその郷里に於いても既にエタであったのかは知らぬが、よしやもとからのエタであったとしても、他国へ流れて行った場合に、何方《どこ》のものともわからぬ程のものが、わざわざ自分の素性はエタであると名告《なの》るものばかりでもあるまじく、いずれは適当なる隠れ家を得ずして、これらのエタ部落に落ちこみ、遂に見懸人穢多という事になったのであろうと思われる。

或いは自ら世を忍ぶ一つの方便として、浮世の風の十分吹き渡らぬこの部落に安全なる隠れ家を求めたものも多かったであろう。仇討の芝居には、孝行息子がよく非人に身をやつして敵を覘《うかが》うという筋がある。芝居に出る兇状持ちは多く大小𧘕𧘔のいで立ちで、大威張りでいるのに反して、孝行息子の方が非人仲間に落ち込んだ事にして、巧みに看客の憎悪と同情とを引く仕組みになっているが、事実は兇状持ちの方が、エタや非人の仲間に安全の地を求めた場合が多かった事であろうと思う。或る大藩の家中が、人殺しをして敵持《かたきもち》となり、遂に部落に隠れて今が三代目だという実話も聞いた。人殺しという程の大したことでなくても、脅喝《ゆすり》、詐欺《かたり》の様な軽い罪によっても、しばしば首の飛んだことのある時代に、罪を犯したものが行くえを暗まし、「何方の穢多とも相分不レ申」の見懸人になって納まっているものが、またすこぶる多かったに相違ない。炭坑や銅山の穴の中に、犯罪者が多く隠れているという噂は今も聞く。浮世の光の十分届かぬ所は、炭坑や銅山の穴ばかりでなく、昔はエタ部落にもあったのである。

かくの如き社会の落伍者は、また確かにエタの源流の一つと数うべきものである。

14 結論

エタを以て餌取だというのも十分でない。エタを以て屠者だというのも十分でない。これをアイヌだ、漢・韓の帰化人だなどというに至っては、無論毫も採るに足らぬ。エタの源流は右述べた如く、すこぶる多方面に分れている。そして後世所謂エタなる一大流れが、それから出来上がったのである。佐保川・初瀬川・寺川・飛鳥川などの諸流が合うて大和川が出来、それに富緒川・葛城川・龍田川・葛下川・石川などが合って、今の新大和川が出来た様なものである。しかしながらこれらの諸源流の全部が、ことごとくエタになったのではなく、同じ源流から分派したもので一方には貴族ともなり、普通民ともなり、非人となって解放されたりしているのも甚だ多い。その中についても、エタは非人と言われたものよりも比較的早く土着し、定職を得たもので、一種の村役人になった訳であった。したがって本は一つであっても、所謂非人よりは上位におって、幕府の政策でも、エタをして非人を支配せしむることになったのであった。ただエタには穢れという観念がついてまわり、非人にはこの念が薄かったものであるから、世人から忌まれる事も少く、早く解放の運命に接したのであった。

以上述べた如く、エタと非人と普通人とは、それぞれ関係のあるもので、本支分流互いに網の目をすいた様に組み合っていて、とても簡単な系図ではあらわす事の出来ない程のものである。かくてこの網の目をたどって姻戚関係を求めたならば、後世の所謂エタの人達も、所謂日本民族のすべてのものと何処かに因縁を持っている訳で、彼らの区別が民族的原因によるものではない事が明らかになるのである。ただ彼らの執った皮細工並びに屠殺の職業が、祖先の時代に於いてはあえて賤しいものではなかったとは云え、不幸にして中世以来大いに世人から嫌忌せられる事になったが為に、自ずからその従業者が賤まれ、したがって人から嫌がられる職業のものが多くこれに流れ込み、さらに人から嫌がられる多くの職業を賦課せられ、遂に後世見る様な、甚だしい圧迫を被るの気の毒なる境遇にも立ち至ったのである。

今や穢多非人の称廃せられて五十年に近く、職業の神聖はまた既に一般世人の認識するところとなっている。しかもなお世人がもとエタと呼ばれたものを区別し、彼らまた往々にして自ら仲間同士の城郭に立て籠るという様な風のあるのは、全く多年の因襲の結果と、実際上彼らが世界の進歩に対して、思想上・生活上数歩を後れているが為とにある。もし世人がその源流のあるところを明らかにし、兼ねて職業の神聖なることに思い到ることを得ば、彼らを疎外するの根本観念は自然に消滅すべき筈である。彼らまたその源流のあるところを詳らかにし、自覚反省して世の進歩に後れず、思想上・生活上、一般世人と伍してあえて遜色なきに至らば、自他の融和は自ずから成立し、多年その間に置かれた障壁は、自ずから消滅すべきものである。そして彼らをしてこれをなさしむるには、まず世人が彼らに対する圧迫を解くを必要とする。また世人をしてこれをなさしむるには、まず彼らが自ら思想・生活の向上を図るを要とする。要は相持にある、その一つを欠いてはならぬ。そしてよくこれをなさしむるには、自他共にまず彼らの源流のあるところを究めて、彼らまた同一の日本民族たる事を明らかにし、因襲的の妄想を根本から除去するを要とすべきである。

＊

本編は主として材料を、所謂「穢多の水上」なる京都地方に求めた。徳川時代には江戸が政治の中心となり、したがって弾左衛門の法がエタの標準の如くになった場合も少なくなく、従来エタを説くもの、多くこれに材料を求むるを常とするが、しかも上方《かみがた》地方では、また上方地方の古来の仕来りと発達とがあった。他の各地方またそれぞれに、関東とは違った習慣の遺っているものが少くない。したがって弾左衛門の法のみを以てしては、徹底的にエタの源流を調査する事は出来ないのである。これ自分が特に材料を多く京都付近のものに求めた所以である。自分の研究はもとよりあえてこれを以て完《まった》しとするの自信を有するものではない。将来ますます材料を各地に求め、さらに他日の大成を期したい積もりである。大方の諸君願わくは自分のこの研究を助けて、断簡零墨といえどもあえて厭い給うなく、つまらぬ口碑と思わるるものもあえて捨て給うなく、これを提供し、これを報告するの労を与えられたい。現に各地に遺れる旧時の風習、特に古老の見聞に存する事蹟を筆録して寄せられれば、自分にとって最も仕合せである。

終わりに臨んで、既に多くの有益なる材料を供せられたる各地有志の諸君、自分の真意を諒として隔意なく調査の便を与えられた部落先進の各位に対して敬意を表し、特に蓄蔵の豊富なる材料の借覧を許されたる碓井小三郎君の好意に対して、満腔の感謝を呈する。

以下掲載の諸編は本編説くところを補い、その各部にわたって詳説を試みたものである。したがって彼此重複するところの少からぬは、自ら遺憾とするところではあるが、巨細にわたって研究を徹底せしめる為には、けだしやむをえぬ事と大目に見られたい。本号に収めきれぬ分は、次号以下に於いて漸次分載することとする。

「エタ」名義考

1 「穢多」という文字の使用

同じ日本の国土に生を営む一部の人民に対して、「穢多」という極めて同情のない文字を用い始めたのは、いつの頃、何人《だれ》の仕業であるか、思えば罪の深い事をしたものである。

この文字の為にその仲間の者が社交上蒙る不利益は、実に夥《おびただ》しいものである。非人は足洗《あしあらい》をして素人《しろうと》になる道もあるが、エタは人そのものが穢れているからというので、徳川時代に於いては、遠州の或る地方を除いては、大抵絶対に「足洗」の出来ぬ事になっておった（別項「遠州の足洗」参照）。大体肉を喰い皮を扱う事が穢れであって、我が神明これを忌み給うという思想の誤まりであった事は、今さら言うまでもない。太古の諸神が親しく狩猟漁業に従事し給うた伝説が存し、神社の祭典に犠牲《いけにえ》を供した事実が少からず証拠立てられる以上（別項「上代肉食考」参照）、また神を祭る「祝《はふり》」の名が、動物を屠る《ほふ》ホフリ、すなわち屠者と起原を一つにすべく考えられる以上（別項「屠者考」参照）、神が肉や皮に触れたものをお嫌いになるという筈はない。仏法が我が国に伝わり、殺生を忌み、血腥い事を嫌う様になっては、すでに大宝令にも斎《ものいみ》の間臨時に肉を避けるという事もあったけれども、それはただ臨時の禁であった。その後両部神道の思想から、所謂触穢の禁忌がやかましくなっても、ただその穢に触れたものだけが、一定の期日間神に近づく事を避けるを要としたのみで、人そのものが穢れたものだとはしなかった。無論屠殺を常職とする輩は、常にその穢を繰り返している事であるから、特に触穢をやかましく云った賀茂御祖神社では、その付近に屠者の住むを禁じたとの事もあったけれども、それも単に御祖神社だけの事で、他の大社にはそれが見えぬ。また御祖神社にしたところで、その人が職業を改め、屠者でなくなれば、一向差支えなかった筈である。餌取《えとり》を畜生か何ぞの様に忌み嫌うた仏徒の目からも、餌取法師が念仏の功徳によって仏果を得た事を認めておった当世に、人そのものが穢れておって、子孫の末まで足洗が出来ぬという様な思想があるべき筈がない。別項「エタ源流考」中に於いて述べた通り、所謂エタの中には、もとエタならぬものが多く流れ込んでいるとともに、もとエタと同じ仲間であったものから、エタならぬ方へ流れ出したものも昔は多かったに相違ない。しかるに彼らが、永くエタの種をつがなければならぬ事に定められたのは、言うまでもなく徳川幕府が、浅草弾左衛門をして東国のエタを取り締らしめ、町人百姓とは全く別扱いのものにしてしまって、諸大名また多くこれに倣った結果であるが、そうなったについても、また彼らが特別に賤しまれたについても、一つは確かに「穢多」

という文字が累《わずらい》をなして、世人から理由《わけ》を知らずにただ穢ないものだと盲信せられた結果でもある。弾左衛門の法は絶対に足洗を許さなかったが、しかもそれは全国に及んだのではなかった。遠州の或る地方の如く、国によってはなお足洗を許したところもあった程だから、徳川幕府以前に於いて、一律の規則で束縛せられなかった時代には、彼らの解放が比較的自由であった事を想像するに難くない（「エタに関する圧迫の変遷」参照）。この同情なき「穢多」という文字使用の初見は、久米邦武先生の「穢多非人の由来」（「史学雑誌」第一巻第十三号）発表以来、普通に学者の間には、南北朝の頃貞治元年の「師守記」の記事にあるという事に認められている。ただこの頃既にこの文字が少からず用いられていた事は、黒川春村翁の「池底叢書要目」中に引用された貞治四年の「師茂記」にもあるので察せられる。おそらくその使用は、鎌倉時代から始まったものであろう。弘安年間のものと認められた「塵袋」に、「キヨメ」を「エタ」ということについて、その「エタ」とは餌取の語の転訛であるとの事を書いてあるが、永正の奥書ある写本には、その「エタ」というのは「何なる詞ぞ」という表題の下に、「穢多」の二字を注してある。この二字或いは後人の加筆の竄入とも見られぬ事はないが、その証拠のない限り、まず「塵袋」著者の書いたままのものであると見るのが至当であろう。しかしこの頃まだ「エタ」という語が普通でなかったことは、当時掃除人足すなわちキヨメのことを「エタ」と云ったについて、「塵袋」の著者が疑問を提起し、わざわざこれを証明したのによっても察せられよう。すなわち弘安の頃は、これまでから存在した「エタ」という名が、この頃キヨメ等にまで広く及ぶ様になった時代であったのである。そして触穢禁忌の思想の盛んなこの時代に於いて、仏典に通じ漢籍に明るく、おそらくは僧侶であったかと思われるこの「塵袋」の著者が、「穢多」の二字をこれに当てたのは、彼としては適当であったかもしれぬ。そしてその後八九十年を経た貞治の頃には、その字がすでに広く用いられる事になり、さらに五六十年を経た文安の「壒嚢抄」に至っては、語原よりもむしろその文字によって、穢れ多しと説明せられるまでになったのである。その後年を経るに従って、多くの流れがここに落ち込み、人口は内的・外的に増殖して、明治・大正の今日百数十万の同胞が、なおこの文字の為に甚だしく累されているという事は、当初極めて手軽にその文字を用いた人が、よしや「塵袋」の著者であろうが、なかろうが、当時に於いて思いもかけぬ事であったであろう。とかく漢字を用うるものの弊として、自分よりも低い地位のものに対しては、えてして賤しい文字を当てたがる。支那人が北方の外国人を匈奴と云い、日本の住民を倭奴とか、狗奴とかいう様な、賤しめた文字を以てあらわした事の如きはさらにも言わず、邦人またも彼らの例に倣って、アイヌすなわち古えのカイ族に当てるに「蝦夷《かい》」、すなわち「蝦蟆《がま》の夷」の義ある文字を用いて平気でおった（支那人は当初蝦蛦と書いた様である）。近くはアイヌに同情して、これを研究せんとする学者達の間にも、「阿夷奴」という様ないやな文字を使った人もあって、自分はその取り換えを依頼した事があった。

2 エタまたはエッタはエトリの転訛なりとの説

「穢多」の文字はもとより単に発音をあらわす為の借字で、「壒囊抄」の著者や、後の「和漢三才図会」の著者等の考えた様に、その文字に穢れ多き故という様な意義があるものではない。元来「エタ」なる語はこれよりもさらに古い時代から存在したもので、六百五十年前に「塵袋」の著者が文字にこだわらず、その発音からこれを「餌取」の転訛だと解したのは、むしろ公平であった。爾来時に或いは異説を出したものも無いではないが、多くの学者は大抵この餌取説に一致している。

異説中の著しいものとしては、所謂河原巻物に江田と解し、江のほとりに田を開いて耕作したから得た名だと云っているのがある。これはもとより自己弁護で、僻説少しも探るに足らぬ。又谷重遠の説には、エタはもと蝦夷の民で、「えぞたみ」というのを略して「えた」というたと解しているけれども、これはとんでもない事である。このほかエタは大陸から来た民で、厭噠すなわちエフタルの語の転訛だとか、印度方面から来た民で、ヴェダの名の転訛だとか、或いは比律賓《フィリピン》諸島にエタという漂泊民があるとか、種々の説もある様ではあるが、自分はこれらについて深く考えた事もなければ、また考えてみるの必要をも認めておらぬ。

エタの語を餌取の転訛だという説は、実際大多数の学者間の定説だと云ってよい。近く新村博士が「経済論叢」（大正七年一月発行四巻一号）に於いて発表せられた「賤民名称考」の如きも、またこの餌取説を祖述せられたものである。そしてかく申す自分に於いても、少くも主鷹司《たかづかさ》の餌取がエタを構成するに至った衆流中の一つたることを認めるものである以上、エトリの語が約《つづ》まってエタとなったという事についても、しいて反対するものではない。否餌取がその職を失って屠者の群に投じ、「和名抄」の頃に於いて既に、そのエトリの名が屠者に及んでいたのを認めることに於いて、諸先輩と同じく、やはり餌取説に賛成したいのである。

3　餌取説に対する疑問

しかしながら、これについて、古代のエタの内容と、そのエッタと呼ばれた語とからして、なおいささか疑問の禁じえないものがないでもない。

一、「塵袋」に見える「エタ」は「キヨメ」すなわち掃除人足であった。貞治元年の「師守記」に見える「穢多」は井戸掘り人足であった。また貞治四年「師茂記」に見える「穢多」は祇園御霊会の駕輿丁であった。文安の「壒嚢抄」に見える「エッタ」は河原の者と云っておった。これらはいずれも直接屠者すなわち「和名抄」に所謂エトリというのではないのである。ことに「雍州府志」によって「穢多の本」だと言われた山城の小島部落や、これに接近した舁揚《かきあげ》部落が、もと平安朝の墓場たる佐比・石原の地であったことから、これらの部落はおそらくは墓処の世話人に起因したという風に考えてみれば、仏葬の墓守が同時に屠者ではありえないという意味から、屠者すなわちエトリはおそらくエタの元祖ではなかろうとの結論にもなりそうに思われるのである。

二、「穢多」はその文字によって普通にエタと読まれている様ではあるが、文字を離れての通称はエッタである。今でも「穢多の水上《みなかみ》」と云われた上方《かみがた》地方から、広く四国・九州・東海・東山・北陸地方まで、文字知らぬ爺さん婆さんは大抵エッタと云っている。この称は近ごろになって始まったのではなく、既に文安の「壒嚢抄」にも、明らかに「エッタ」と仮名書きしてあるのである。それを前出の「塵袋」に「エタ」とあるのは、当時果してその通り呼んでいたものか、或いは口にエッタと云っていたけれども、当時「ッ」を加えて促音を書きあらわす方法が普通でなかったが為に、文字にはエタと書いたのであったのかもしれぬ。「職人尽歌合」にエタと詠み込んであるのも、束縛ある歌詞の事としては、確かな証拠にも引かれまい。後のものだが「芸苑日渉」には、「越多」と漢字で書いてある。これが果してエトリの転とのみ解すべきであろうか。

鎌倉・南北朝・室町時代のエタが、ことごとく屠者でなかったとは言えぬまでも、記録上にあらわれているところが、いずれも屠者以外のものであるという事は、慶長の頃までなおエタは掃除の為に社寺に置かれたものだとの説のあった事と合せ考えて、疑問を深からしめるものがないでもない。或いはそれが屠者の兼業であったと言ってしまえばそれまでだが、さる証拠のない限り、もと餌取・屠者以外にエッタと呼ばれたものがあって、その名が、「塵袋」の様な解釈から、屠者なり皮細工人なりに及んだものだと解せられぬ事もない。かの皮細工人の如きは、もとはエタでなかったのかもしれぬ。今川氏時代の駿府のエタは明らかに「川田」と呼ばれておった。徳川時代になっても、上方地方のエタの多数が、法令上では所謂エタ仲間と見做されておりながら、普通には多く「皮田」と呼ばれていたのみならず、今もエタの名を唱えずして、皮坊・皮屋・皮田など呼ぶ地方の少からぬ事は、一層この疑問を深からしめるものである。

次に「エトリ」の「リ」が略されたということは、傍例から考えて首肯しえられぬ事ではない。また「リ」が略されて「エト」となり、ついでそれが「エタ」となったと解することも、全く説明の出来ぬ次第ではあるまい。しかしながら、そのエタがエッタとなったということは、ビチュウ（備中）がビッチュウになった例で説明すればよいようなものの、これは自然の転訛らしくはない。東国では砂埃《すなほこり》をスナッポコリという様に、ことさらに促音を入れて呼ぶ例が多いけれども、上方《かみがた》にはそんな例は少い。ビチュウと発音することは実際上口語に困難であったから、自然にそれがビッチュウと促音になったのはさることながら、エタという語は発音にあえて困難を感じない。現にもとエッタと云っておったものですら、近ごろでは多くエタと呼ぶことに改まりつつあるのを見ても、これをことさらにエッタと詰める必要のなかった事が察せられそうに思われる。

しからばエッタがエトリの転であるという事には、多少の疑問がないでもなかろう。

4 エタはオロッコ族の称か

右の二つの疑問のあることから、試みに臆説を述べるならば、自分はこれをオロッコの種族名なるエッタに持って行ってみてはどうかと思う。

オロッコは今は樺太島に居る少数の住民たるに過ぎないが、自分は彼らがかつて北海道本島にも住んでいたと信ずるものである。斉明天皇の御代に阿倍比羅夫が征伐した粛《みし》慎《はせ》や、養老年間に渡島《わたりじま》 津軽津《のつがるつ》の司諸君鞍男《つかさもろのきみくらお》が調査に行った靺鞨《まっかつ》というものは、このオロッコ族であったと解しているものである。そして彼らは、アイヌが石器時代に近畿・中国・四国・九州等にまで居た様に、かつては内地にも居たことがあったのではないかと疑っている。粛慎の石器使用の事は支那の史籍に著名の事ではあるが、自分は日本の石器時代の遺蹟中に、或いは彼らの遺したものがあるのではないかと疑っているのである。勿論彼らがかつて内地に居たとしても、或いはつとに北に退き、もしくはアイヌ等に同化して、その踪跡を失ったに相違ない。しかしその中には取り残されて、時に山中の異俗として、或いは祖先以来の浮浪の風を存して山家《さんか》の様なものになって、後世に遺ったものがないとは言えぬ。そして彼らは、北海道の土人が自分らをかつてカイと云い、現にアイヌと云っている様に、自分らの族をエッタと呼んでいる事は注意するの価値があろうと思う。なお念の為に北方異族の言語に精通せらるる金田一文学士に対して、この事を照会したところが、彼らが実に自己の族を、エッタもしくはイェッタ・ウェッタという風に呼んでいるとの回答を与えられた。さればもしこのエッタが浮浪民か何かの形で内地に遣っておって、それがだんだん里慣れて来て、土工や掃除の為に里人に雇われる様になり、しかもなお依然エッタの名で呼ばれていたとしたならば、その名が職掌の類似からして、他のキヨメすなわち掃除人足や、河原に小屋住まいをしている河原者などにも及んで、「塵袋」や「壒嚢抄」の著者をして、その説明をなすの必要あるに至らしめたものと解してみるのも、また面白かろうと思う。粛慎は無論肉食に慣れた民族である。その遺孽《いげつ》たるエッタが、また肉食を辞しなかった事は言うまでもなかろう。ここに於いて餌取や屠者の類、ないし皮田の職人等が、その同じく触穢の禁忌を犯したところから、彼らの同類に見做さるるに至ったのも、けだしまた自然の成行きであろう。すなわち自分の臆説では、エッタとはもとオロッコ族の名であった、がその名が他の肉食の俗を有するものの名に呼ばれ、遂には他の多数の流れを合したものの名称になったのではあるまいかと言うのである。

5　エッタは穢人《えびと》すなわち穢物掃除者の義か

終わりに臨んで今一つ臆説を付け加えてみたい。

鎌倉時代のエタがキヨメすなわち掃除人であったという「塵袋」の説から考えると、彼らは穢物《えもつ》を取り捨てる人、すなわち穢人《えびと》ではなかったであろうか。「今物語」に見ゆるキヨメは、一条河原の小屋に住んだ河原の者であった。キヨメはすなわち浄人で、穢人の反対語を以て表わしたものとも解せられる。当時触穢《しょくえ》の禁忌をやかましく言った時代であったから、穢物《えもつ》を扱う人を嫌うということは、自然の勢いであったに相違ない。そしてこれを賤んで穢人《えびと》の名を命じたとは、あってもよかりそうな事である。和気清麿が称徳天皇の逆鱗に触れて、その名を穢麿《きたなまろ》と改められたのは、「清」に反対の「穢」の名を取ったまでであるが、これも畢竟清麿を賤み給うた結果である。穢物《えもつ》を扱うものを穢人《えびと》とは、お蔵を預るものを蔵人《くらびと》、祝言《ほかい》をする人を乞索児《ほかいびと》という類で説明される。そしてそのくらびとがくらんどとなる、ほかいびとがほいととなる。その他弟人《おとびと》がおとうと、或いはおとと、妹人《いもびと》がいもうと或いはいもと、商人《あきびと》があきうど或いはあきんど、隼人《はやびと》がはやととなった様に、えびとがえととまたはえっととなり、さらに転じてえたともえったともなったのではあるまいか。彼らがえたでなくてえったであったとしたならば、えとりの転というよりも、えひとの訛という方が近くはあるまいか。またかくては「穢多」という文字を用いたにも縁がありそうである。

右の二つはただ試みに臆説を述べて、言語学者諸賢の高批を煩わしたいと思うたまでである。かく云えばとて自分は、今以て餌取説を棄つるまでの自信があるのではない。ただ疑い思うところを陳《つら》ねてさらに説の正確を他日に期したいまでである。発表が極めて曖昧なる態度であることは、大方諸賢の御容赦に与りたい。

因みに云う。「穢多」といういやな文字を避けた先例には、「芸苑日渉」に「越多」と書き、「駿河志料」には「移多」とある。或いは「エタ」の語をまで避けて、「屠児」など書いた例も多い、これらはいずれも心ある所為として尊敬に値する。自分は別項述べた如く、必要なき限り「エタ」の語を口にしたくはない、筆にしたくない。必要やむをえぬ場合には文字には仮名がきしたい。しいて漢字を用いた場合には、「恵多」という文字を使ってはいかがかと思う。

＊

特殊部落と通婚問題（余白録）

旧幕時代には、エタ非人と普通民との通婚は、国法の禁ずるところであった。これを犯して処罰された実例は別項「エタに対する圧迫の沿革」中に述べておいた。今や国法上に於ける差別は全然撤廃せられて、所謂特殊部落と普通民との間の結婚は、自由に行われて然るべき筈である。また事実に於いてそれが行われている場合もある。「遠州奇聞老人報告」の地方の如きその最も著しいもので大正六年の調査によるに、部落外との結婚数四百五十二件を計上している。しかしそれを同年間の部落内結婚数一万四千五百六十九件に比すると、僅かに総数の三十二分の一にしか当っておらぬ、しかもそれが大阪朝日新聞神戸付録記者の説によると、しばしば悲劇を伴っているというのは遺憾である。元来結婚の事は別問題で、「筋」が違うという理由で円滑に行われない場合が多い。これについて自分は不日沿革的研究を発表してみたい積もりである。

エタに対する圧迫の沿革

1　エタに対する甚だしい圧迫の事実

名称廃止以前のエタに対する幕府その他諸藩当路者の発した布告法令の文を見ると、その圧迫の甚だしかった状態は、実に悪寒戦慄を覚えしむるものがある。まず一例として、「穢多非人廃止令」の出た明治四年八月より僅かに八ヶ月前、五条の御誓文に於いて旧来の陋習を破りて天地の公道に基づくべしと宣し給える明治元年三月より三十三ヶ月の後なる、明治三年十二月に、和歌山藩が発した取締令を左に紹介する（土井為一君報告による）。

一、皮田の奴近年風儀不レ宜、間々不埒の義も有レ之候間、同奴共へ別紙箇条の通相触れさせ候事。

一、市中は勿論在中たりとも、通行の節片寄候て、往来の人へ聊も無礼ケ間敷儀不レ可レ致事。

一、朝日之出より日之入迄之外、市中は勿論、町端たとも徘徊不㆓相成㆒。且在中にても、夜分妄《みだり》に往来不㆓相成㆒事。

本文節分は夜五時迄、大晦日は夜九時迄、徘徊差免候事。

一、町内にて飲食致候儀不㆓相成㆒事。

一、雨天之外笠かぶりもの不㆓相成㆒事。

一、履物は草履の外総て不㆓相成㆒事。

これが同じ帝国内に生をうくる我が同胞の或る者に与えられた束縛であった。皮田はすなわちのエタで、皮田の奴は往来の人に無礼がましき事なき様云々の文の如きは、正しくエタを人間以外に見た書き方であると言わねばならぬ。これはむしろ極端の例で、地方によりて多少の寛厳の差はあったが、しかし大体に於いて相似たもので、武士に対しては勿論、町人・百姓に対しても、その屋内に入るを禁ぜられ、門構えの家では門外で草履をぬぎ、跣足《はだし》のまま入口土間の敷居外に至り、敷居に手をついて用談を申し上げる。普通の町人百姓の家へ行っても、せいぜいのところが土間の敷居に腰をかけ、もしくは軒下の土上に座して応対する。通婚・同居・同火の如きは、無論思いも寄らぬところであった。エタ・非人の同情者柳瀬勁介氏が、潜心その沿革を調査して、遂に「社会外の社会穢多非人」の著をなすに至られた動機は、氏がかつて東京法学院にあって古代法制の沿革を研究せられた際に、エタ一人の生命が平民の七分の一に相当するとの判決例のあるのを見て、慷慨悲憤の念を起された為であったという。実際彼らは、為政者から普通民の七分の一しか価値がないと認められた時代もあったのである。安政六年に江戸山谷《さんや》の真崎《まつさき》稲荷の初午の折に、山谷の若者とエタと衝突して、エタが一人殺された。そこでエタ頭弾左衛門は、下手人の処刑を北町奉行に願い出たところが、奉行の宣告に、およそエタの身分は平民に比して七分の一に相当するから、今六人のエタを殺して後、相当の処刑をなすべしと云ったので、弾左衛門も遂に泣き寝入りになったというのである。何ら標準のない乱暴なこの比量にも屈服しなければならなかった彼らの境遇の、憐れむべかりしは言うまでもないが、これを以て名裁判だなどと歓迎した当時の状態も、また憐れまずにはおられない。

かくの如き乱暴なる圧迫は、そもそもいかにして起ったか。またそれがいつの頃から始まったか。本編に於いていささかその沿革を研究してみたい。

2 江戸時代前期以前のエタの待遇

エタに関する同情なき取締令の出ているのは、多くは徳川時代も中頃以後の事であった。江戸では天正十八年徳川家康の入国の際、前例により弾左衛門祖先に長吏以下の支配を命じ、大抵の事はその自治に任して、種々の公役に従事せしめた。すなわちエタは一種の村役人町役人の形であった。京都でも下村勝助に百九石七斗七升の高を与え、エタ頭として皮田村の仲間を統率し、別に役俸を与えて公役に従事せしめたのであった。

その他諸藩に於いても、特に規則立ちたる取締りという程の事もなく、大抵は彼らの旧慣に任して、村方の雑役に服せしめたのである。したがって判断に困る様な問題の起った時には、領主より彼らに命じて、「穢多の水上」たる京都へ上って、従来の振合いを問合わさしめるという程の有様であった。丹後舞鶴領行永村ほか十二箇村のエタの如きは、延享元年に至って始めて全体を通じてのエタ頭を定められたのであって、それ迄は各自村限りの自治に委しておったものらしい。そして他の諸地方に於いても、大抵こんなものであったと察せられる。

かくの如き有様であったから、官庁並びに一般社会の彼らに対する待遇が、そう特別に彼らに対してこれを賤しんだという様な事は想像されぬ。別項「青屋考」中に述べた如く、細川・三好時代の阿波に於いては、一方に僧侶の或る者からは、エタ仲間と認められた青屋が甚だしく毛嫌いされていたが、一方では彼らは大名の小姓ともなり、侍《さむらい》の嫁ともなり、或いは自身侍に取り立てられたりしても、あえて不思議はなかったのであった。徳川時代もやや下った元禄十二年の阿波藩の取締令にも、

　穢多ども着類其外諸品、百姓共へ申付候趣に准じ、尚以軽可ㇾ仕。常々法外之仕方多有ㇾ之様相聞不届に付、向後右様之類於ㇾ有ㇾ之は、所之庄屋五人与より申出候様申付候事。

とある。元禄の頃は当路者も多少エタの度外視し難い事を知って、その取締りに注意し出した頃であって、それが為に、右の様な命令も出たのであろうが、それでもなお服装その他百姓に準じ、幾分それよりも軽くすべし位の程度であったのである。これは単に阿波藩だけの例ではあるが、以て一般を類推するをうべく、従来エタが特別に百姓と区別された程の事のなかった事情が察せられる。実際彼らは後に説くが如く、むしろ村人から歓迎せられ、為政者から優待せられ、他人の忌《いや》がる役儀を引き受けて、必要欠くべからざる一種の村役人・町役人であったのである。

3 エタとエタ以外の賤者との賤まれた程度

エタの本来いかなるものなるかは、別項「エタ源流考」に説いておいた。彼らは鎌倉・室町時代には、キヨメ或いは河原ノ者と呼ばれて、社寺都邑の掃除夫・井戸掘り・駕輿丁・植木屋などの雑職をつとめ、勿論その職掌上、世間から幾分賤視されてはいたであろうが、決して彼らのみが特別に穢れたものとして、疎外されるという様な事はなかったに相違ない。ことにその賤視されたのは、必ずしも彼らばかりではなかった。古代雑《ざっ》戸《こ》時代・傀儡子《かいらいし》時代の余習をついで、大多数の工業者・遊芸者等はみな賤しいものとされていたのである。ことにもと家人《けにん》・侍《さむらい》などと呼ばれた賤者も、時を得ては武士となって高く社会を睥睨する様になった世の中のこととて、古え「大みたから」と呼ばれた農民までが、一様に賤者として見下されていたのである。「三十二番職人歌合」には、

千秋万歳法師　絵解《えとき》　獅子舞　猿牽　鷹飼　鳥さし　鋸挽《おがひき》　石切　桂女《かつらめ》　鬘捻《かづらひねり》　算置　薦僧　高野聖　巡礼　鐘敲　胸叩　へうぼう絵師　張殿　渡守　輿舁　農人
庭掃　材木売　竹売　結桶師　火鉢売　糖粽売　地黄煎売　箕作　榼売　菜売　鳥売

の三十二者の名を並べて、「こゝに我等三十余人、賤しき身、品同じきもの」と云っている。この中にも、輿舁・庭掃などの或る者は、所謂エタ源流の一つをもなしたものであるが、その庭掃、すなわち掃除夫が、歌合せに於いて農人と相合せられているが如きは、以て当時の状勢を見るべきものであろう。それ以外の多数の者は、大抵後までもエタの下と見られていたもので、世間からも余程軽くこれを扱っていた。「鎌倉殿中問答記録」に、「鍛冶・番匠の様なる云甲斐なき者」と云い、「当道要集」に、「舞廻《まひ〳〵》・猿楽等の賤しき筋目の者」というが如き、ともかくこれらの徒が賤者と見られていた事は疑いない。それらの中に於いて、ひとりキヨメ・河原ノ者等のみが、特別に賤しかったとは思われぬ。否むしろエタの方が慶長以前に於いて既に、「音楽のやから、青屋・墨焼・筆結」等の上だと言われていただけに、地位のよかったものであったに相違ない。されぱもとエタの賤しいという程度は、今日の下級労働者が賤しいという位の程度のものであったと思われる。勿論その労働者という中にも、自ら一家をなしているのもあれば、木賃宿や無料宿泊所等を泊り歩いているのもあり、公園のベンチや社寺の椽の下、停車場の待合、路側の広告塔の中などで、一夜を過ごして渡って行く者もある様に、後に斉《ひと》しくエタと言われた中にも自然その間に上下の差はあったであろうが、しかもこれを以て穢いものだの、特別に変ったものだのとして、疎外せられた筈はない。さればこそエタは宮廷社寺の掃除にも用いられ、飲料水を汲む井戸掘りにも役せられ、神輿を担ぎ鳥居を建てるという様な神事にも、憚《はばか》らず使われていたのであった。

エタを特別に賤しんだものは、彼らが穢物に触れ、或いは殺生・肉食等を行ったという点から、仏教家並びに両部神道家の忌むところとなった為である。されば一方では、武家が祇園御霊会の神輿を舁《か》かしめ、堂上《とうしよう》家がエタに飲料水の井戸を掘らしめて、あえて不思議としなかった時代にも、五山の僧侶などは甚だしくこれを忌《いや》がったものである。「臥雲日件録」文安三年十二月二十一日条に、

官人騎レ馬射レ狗、以為二攘災之儀一。群狗難二卒《ニハカニ》獲一。有下取二十銭一捉二一疋一者上。蓋人中最下之種、屠二死牛馬一、為レ食者也。

とある。この文安三年という年は、偶然にもかの「河原ノ者をエッタと云ふは何の字ぞ」との問を起して、これを説明した、「壒嚢抄」の出来た年であるのは面白い。死牛馬を扱ったエタが、銭にかえて狗《いぬ》一疋を捕え、射しめるべくこれを官人に供したという

所為が、当時の僧侶の目より見たならば、いかにも無残に見えたには相違ない。したがってこれを「人中最下之種」だと悪口言ったに無理はないが、しかもさらにそのエタを役して犬を捕えしめたのみならず、さらにこれを射て快となした官人を攻撃しないのは、すこぶる偏頗の事だと言わねばならぬ。

エタが死牛馬を屠ってその肉を食ったという事については、別項の「上代肉食考」を参照されたい。牛馬は人を助け世を益するのものであるとの理由を以て、これを屠殺することを禁ぜられた。もはや使役に堪えざる老牛馬といえども、決してこれを殺す事は出来ない。したがって牛馬はその斃死するを待ってエタの手に渡し、その皮を剝いで社会の必要品たる皮革の原料を供給せしめるのであった。今日生牛馬を屠殺して肉を食うの習慣ある時代の目を以てこれを見れば、死牛馬の肉を食ったと云えば、直ちに伝染病などによって斃死したもののことを連想して、いかにもいやな感じを起させる様ではあるが、昔は実際上死牛馬以外に屠《ほふ》るべき牛馬はなかったのである。そしてその皮を剝ぐ彼ら下級労働者が、祖先以来の肉食の風習をついで、ついでながらにその肉を食い、その美味を賞したのに少しも不思議はない。また僧侶らの以て重しとする慈悲忍辱の上からこれを云っても、肉食の目的を以て生牛馬を殺してその肉を喰うものと、自然に斃れた死牛馬を屠ってその肉を喰うものと、もしそれが罪悪であるとしたならば、その罪悪の軽重如何ぞやと反問せなければならぬ。しかるに彼らは生きた猪鹿を殺して喰うものを多く責めずして、死牛馬の肉を喰ったエタをのみ特に賤しみ、「人中最下の種」だなどと悪口するが如きは、甚だしく不徹底の言論で、けだし一片の習慣と感情との問題から起った僻見であったに外ならぬのである。されば社会の一部にかくこれを賎むものがあっても、それは勿論社会全般の意向ではなかった。彼らは後世に至るまでも相変らず宮廷に近づき、社寺に近づき、天皇お召しの御履物を調進しても、あえてこれを穢とはなし給わなかったのである。かの「本朝食鑑」に、

凡本邦屠二牛馬犬豚一者、俗称二穢多・皮剝一。此是市中之下視、至卑而乞食疲極之長也。故不レ能レ窺二神明高貴之庭墀一、而士農工商倶嫌二忌之一。寔所三以本邦為二穢忌之最一。而不三独悪二皮膠之臭一矣。

とあるのは事実を得ていない。この書は元禄八年の著で、正に生類憐みの令を出した時代の産物としては、かかる言のあるのにも不思議のない様ではあるが、しかもその後四年阿波藩の令に、エタがなお服装その他百姓に準じて軽くすべし位の程度であってみれば、事実上一般にはまだそう彼らを甚だしく賎しんだとは思われぬ。またその謂うところ「神明高貴の庭墀を窺ふ能はず」とあるのは、明らかに事実ではない。祇園祭の警固に立った犬神人は靴作で、もとエタと同類であった。その他の祭礼の警固にも、この徒の出る事は珍らしくなきのみならず、自ら祇園や白山を氏神として祭っている部落は幾らでもあるのである。またかしこくも禁中には、小法師のエタを近づけて、あえて穢

となし給わなかったのである。ことに「食鑑」の著者の自ら謂う如く、エタが獣皮から作った膠皮《にかわ》は少しも穢れとはせず、高貴の御方でもこれを以て製した墨を手にし給いて、厭い給わないのみならず、その墨汁を含ませた筆端は、しばしば筆執るものの唇に触れて汚穢の感じを起さないが如きは、不徹底極まると言わねばならぬ。

要するにエタの特に賤まるるに至ったのは、主として一部の仏教家の偏見と、その不徹底なる感情とから来ったものにほかならぬ。したがって仏教のまだ社会に普及しなかった時代には、彼らを賤むの念もまた広く普及しなかったに相違ない。しかるに徳川幕府が切支丹宗を禁ずるの方便として、天下の人民ことごとく仏教に帰依せしめ、必ず何らかの寺院の檀徒なるを要とするに至って、彼らを忌むの念は自ずから一般に普及するに至ったのに相違ない。しかも一般世人が特に彼らを嫌悪し、当路者が残酷なる圧迫をこれに加うるに至ったのについては、さらに他に大なる原因の存するものがある。

4　エタの人口増加とこれに対する圧迫

言うまでもなくエタは一種の必要なる労働者であった。ことに触穢禁忌の念の盛んな時代には、どこにも必要欠くべからざる村役人であった。死牛馬の始末、汚物の取片付け、兼ねては境域内外の警邏等の為には、必ず彼らを要したのである。そこで京都の大きな官署を始め、有力なる社寺にも、大きな町村にも、大抵はこれを付属せしめて置いた。ことに戦国時代、各地に小城主が割拠した頃にあっては、武具の調進・城下の掃除等の為に、是非とも彼らは必要であった。徳川時代の諸大名の城下・陣屋等にあっては、特に刑罰執行者としての彼らの必要があった。しかるに当時彼らの数は甚だ少かった。勿論今日より、精密に古代の彼らの数を知ることは困難であるが、各地のエタ村についてその起原沿革を調査してみると、ほぼその状態を推測することが出来る。この事は別項「特殊部落の人口増殖」の編中に詳説しておいたから、ここには略するが、要するに、彼らがもと数に於いて甚だ少いものであった事は疑いを容れない。

およそ物品の価値は無論生産費の多少にも基づくが、その高下は主として需要供給の関係によって定まるものである。労働者とてもその通りで、需要多くして供給少い場合には、高給を以て招かれる、歓迎せられる、優待せられる、これ自然の勢いである。当初供給の少く、需要の比較的多かった時代のエタは、必ずこの状態であったに相違ない。彼らの執った職業は、当時に於いて人の忌がるものであったが故に、これを独占してこれに従事した彼らは、各地に必要なるものとして、必ず種々の特権を以て招かれ、歓迎せられ、優待せられたに相違ない。この際に於いて彼らが、世人から排斥せられ、圧迫せられたという様な事のあるべき筈がない。果然彼らは芝居の櫓銭、市店の棚銭の徴集、その他地方によって相違はあるが、ともかく種々の特権を与えられ、また別に独占の工業を有して、安楽なる生活を送っておったのである。古代のエタに富有者が多かったとの事は、別項「特殊部落と細民部落・密集部落」の中に説いておいた。倉廩《そうりん》満ちて礼節を知り、衣食足りて栄辱を知る。たとい富有というまでではなかった仲間でも、生活に困らなかった時代の彼らが、世間に対して面倒な問題を惹起すべき筈はない。したがって行政上にも、彼らは古来からの彼らの仕来りのままに従って、自治に放任せられていたのであった。服装その他の事項についても、あえて干渉がましいものを受けなかったのである。否服装等の点については、彼らはむしろ平民よりも一層自由であったに相違ない。遠い平安朝の話ではあるが、「江談抄」に、賀茂祭に立つ放免という非人が、綾羅を身に着けている事について問題の起った事がある。この時藤原斉信の説明に、彼らは非人なるが故に禁忌を憚らざるなりと言ったとある。傀儡子の徒が錦繍を身に纏うて、小屋住まいをしていた例は言うまでもない。「今物語」に見ゆる一条河原のキヨメすなわちエタの娘が、五位の蔵人を恍惚たらしめた美人で、蔵人はその後をつけて行ったが、彼は述懐の歌を詠じて小屋に隠れたとあるのでも、その盛装の様子は察せられよう。若狭の無悪《さがなし》の部落では、もとは娘らに盛装せしめ、一般人の目を惹く事であったが、今は家計困難の為にこの事がなくなったとの報告にも接した。かかる類は昔はことに多かったと思われる。しかるに彼らの人口は、一般社会の人口の増殖の程度に比して、ことに急激なる速度を以て増殖した。これも別項説明しておいた通り、彼らは疾病に対する抵抗力が強かったという事もあろうが、一つはその生活が安易であったが為に相違ない。しかもこの急激なる人口の増殖は、自然に彼らの生活を脅かすの結果を生じた。需要に対する供給の過多は、勢い物価を安からしめる。彼らは従来の所謂檀那場すなわち得意先を堅く保持して、これを失わざらん事に努力せねばならなくなった。彼らの独占事業も仲間内に於いて競争せねばならなくなった。従来金をまで付けてもらって、むしろ恩に着せて引取ってやった筈の死牛馬も、今は金を出して買わねばならぬこととなる。従来権利として要求した櫓銭・棚銭、その他村人よりの役料も、祝儀としての恵与、慈善によるの施行となった。竹皮草履・藺表金剛も、競争して安売りせねばならぬ事となる。しかるに一方にはこれに反して、徳川太平の代の結果は、武具の需用を減じて一層彼らの職業を少からしめる。階級思想の発達はますます賤者を賤しからしめる。かれこれ相俟って彼らの立場はますます困難となった。ここに於いてか彼らは自ら卑下してもその生活を求めねばならぬ。生きんが為には世間の軽蔑をも甘んぜねばならぬ。当時人口大いに増殖したりとは言え、未だ社会に一勢力をなす程の数に達しておらなんだ彼らは、ますます自ら谷底に落ち込むの窮境を辞する事が出来なかったのである。

　因は果を結び、果は因を生ずる。彼らの堕落はますます彼らをして堕落せしめる。彼らは過剰の人口を自己の村落内に於いて、与えられたる職業によって、始末せねばならなかった。水が器に充つれば必ず溢れる。狭い範囲に収容し切れない彼らの過剰者は、勢い自己の社会外に生活の途を求めねばならぬ。ここに於いてか有為の才を抱いたものは、町人・百姓の間に紛れこんで、そこに自分の立脚地を得ようとする。素性を隠して武家奉公や、下女下男奉公するものも出て来る。品性の下劣なものはしばしば世間に向かって嫌悪さるるの種を蒔く。あたかも現代の我が国民が、海外に雄飛の地を尋ねて、或いは労働に生活の道を求めて、加州や濠洲で問題を起している様な事が、当時も頻々として生じたに違いない。ここに於いてか為政者は、いよいよエタ問題の忽《ゆるがせ》にし難いことを覚《さと》り、一般人民はこれに対して嫌悪の情を深うし、だんだんとエタ非人を区別し、これを圧迫するの方針を取ったのである。

5　エタ取締りの沿革

江戸や京都などでは、早くからエタ頭があって、エタに関する事件を委任せられていたが、当初はそれで以て別に困難な問題も起らなかった様である。また地方でも大抵エタ頭を置かず、普通の村役人が百姓と共にこれを扱っていた場合が多かった様である。しかるに延享に始めて舞鶴領の頭が出来た様に、後にはだんだん各地方にも頭を置く様にはなったが、それでもやはり村役人がその上に立ってこれを統率していたのが多い。そしてそのエタに対する取扱いたるや、元禄十二年に服装その他百姓に準じてなお軽くせよと令した徳島藩でも、その後十四年の正徳三年に至っては、エタの身居《みおりむねづけ》棟付帳・宗門帳は町人・百姓のと別帳に仕上げさせる様にして、だんだんとこれを区別する方針を取ったが、それ迄は百姓もエタも、同じ帳面に書いていたらしい。既にその前年なる正徳二年の、「名東郡芝原村穢多・小家《しょうけ》・下人一々書抜帳」と云うのを見ると、エタ百人万助の小家も、庄屋伝右衛門の下人も、伝右衛門の小家彦三郎の下人も、同一帳面に書き連ねて、「右者名東郡芝原村棟付御改被仰付に付、穢多百人・小家、庄屋伝右衛門下人、穢多に至迄、帳面に仕上候」とある。けだし庄屋の下人も、エタも、あまり区別を付けなかったものと思われる。

しかるにその阿波に於いても、正徳三年からは帳面までも別にせしめる事になった。次いで享保に至っては、江戸でも、京都でも、エタの由緒調査の事が始まった。弾左衛門が始めてその由緒を書上げたのは享保四年である。京都に於いてはこれよりも先二年、町奉行から天部・六条・北小路等の由緒を書き上げしめた。この年に提出した天部の由緒の控えは今も遺っている。「青屋考」中に引用した、京都町奉行扱いの「穢多青屋勤方の事」というのも、この年の制定であった。この頃の大坂城代支配下の地域を書き表わしたと思われる地図に、たとい二戸・三戸の場所までも漏らさず、詳しく皮多村・穢多村を標記しているのも、当路者が彼らに注意を払っていた情況を語るものではあるまいか。享保八年に幕府が非人の斬髪を励行し、冠り物を禁じて、一見町人・百姓と区別の出来る様にしたのも、この頃の方針を見るに足ることと思われる。

かくの如くにしてエタ・非人に対する取締りは、だんだんと表われて来た。享保二年の後二十七年、延享元年に至っては、舞鶴藩の如き地方にも、始めてエタ頭を命じ、彼らの自治に任せる事にもなった。この頃のエタ扱いの大体の方針は、エタをして一見町人・百姓と区別し、これに紛れ込まない様にせしめるにあった。しかしなお未だエタを甚だしく疎外して、まるで別物の如く扱うという風はあまりなかったらしい。徳島藩にてはその後七年の寛政四（宝暦元）年に、左の如き取扱い方を示している。

一、諸願之義は村役人・当役人添書にて紙面指出候。
一、養子取組之義は百姓に同断、（中略）
一、穢多牢舎中病気療法之義旧例無之旨、町御奉行より申来候へども、牢中は同様の義に候へば、牢医に申付様被二仰付一候事。

すなわち諸願書にはエタ年寄の外《ほか》に村役人の添書を要してこれを監督せしめる様な、特別の扱い方はあったけれども、大体百姓に対するのと違いはなく、世間では町人・百姓とエタとを区別しても、牢屋の中では依然その区別を立てず、後世の様に「穢多の議に候へば」などいう文句付きで、エタ頭に引き渡す事もなく、同じくこれを領分内の人民として、刑を実施していたのであった。

幕府が絶対にエタ・非人を町人・百姓から区別すべく厳命したのは、右の宝暦元年を後るる二十七年後の安永七年で、「百姓町人体に紛らし候ものは厳敷御仕置申付け候」とあった。これけだしエタを圧迫して狭い彼らの社会内に押し詰め、なるべく世間との関係を生ぜしめないという方針であったのである。しかしながら彼らの人口の増殖は、到底外に溢れる事を禁ずることが出来ぬ。彼らは相変らず或いは身分を隠して武家奉公をする。下女下男奉公するものもあれば、娼妓となるものもある。中には媒酌が立って、立派に百姓と縁組するものすらもあった。かくの如きの事実は、一方に当路者がやかましくこれを取締り、また一部人士が極端にこれを嫌がっていた程にも、世間ではなおこれを疎外しない地方が少くなかった事を示したものである。前にも言った如く、現に遠州の或る地方では、幕末頃までもなお穢多足洗の習慣を認めておった様に、地方によって相変らず待遇の寛厳がまちまちであった事と察せられる。ここに於いて当路者の取締りはますます厳重になった。寛政八年の太田備中守口達に、

> 当四月二十九日評議いたし可二申上一旨御渡相成候穢多之娘売女等に致し候もの、穢多の身分を乍レ弁、素人之交り為レ致候段、不届に候。依レ之右様之儀兼々穢多共に申渡置可レ然哉之旨、被二仰聞一候。(中略)今般御趣意之趣、弾左衛門は勿論、其外遠国之儀も、其支配御代官・領主・地頭より、其所之穢多頭共に為二申渡一、此上若紛敷義有レ之候当人は勿論、其支配之穢多頭共御仕置可レ被二仰付一旨、一統に御触有レ之可レ然哉に奉レ存候。

とある。柳瀬君によると、この寛政年中には、丹波・丹後・摂津等のエタが、多人数百姓・町人へ奉公したが為に、それぞれ処罰せられた事が見えている。また丹波何鹿郡上林庄殿村のエタの娘きちを、同郡安国寺村のエタ善助が媒介して、摂津西成郡下新庄村の百姓幸七の女房になしたので、本人きち・媒介人善助・きちの親くに、共に処罰された事もあった。善助はまたきちの妹とめも百姓家へ奉公に世話していたのである。京都市内散在のエタを外に移したのも、この頃であった。

寛政頃からエタに対する圧迫はますますひどくなった様である。彼らが特別に世間から虐遇せられる様になったのは、実に今から僅かに百余年以来の事だとは、案外千万の感がないでもないが、法令布達の文は常にこれを証明している。彼らに対して新しい問題が起る度毎に、新規な例が開けてますます圧迫はひどくなる。ことに文化・文政以来一層それが甚だしくなっている様である。

6 結論

およそ人類は威張る事の出来る場合には出来るだけ威張りたがるの性質を有しているものである。ことに武士から虫螻蛄《むしけら》の如くに扱われていた町人・百姓等は、さらにそれをエタに向かって転嫁する。社会の階級観念はますます甚だしくなる。小天地にのみ圧窄せられたエタがいよいよ堕落の底に落ち込み、ますます貧乏になったのも実際やむをえなかった。性格の良くない輩も勢い自然に増加して来る。所謂「風儀宜しからぬ」の問題も頻繁に起って来て、はては夜分に出て来て悪事を働く者もあれば、町人百姓に交って悪戯をするものも出て来る。これは彼らが活きんが為の必然の要求、自暴自棄より来る当然の結果なりとは云え、またその原因が世間にあって、世間の圧迫が彼らをしてここに到らしめたものだとは云え、一般世人にとってそれはすこぶる迷惑な事であったに相違ない。ここに於いてか一見彼らを区別すべく、服装その他を別にせしめる必要が起った。夜間の外出を厳禁するの必要も生じて来た。明治三年の和歌山藩の取締令の如く、この必要から起った当然の帰趨であった。そしてそれはひとり和歌山藩のみではなかった。ここに至っては彼らは殆ど罪人扱いである。牢屋住まいの扱いである。その結果彼らはますます堕落する。堕落の結果ますます世間から嫌われる。当初は当然の権利として要求した筈の扶持米の如きも、所謂旦那方の慈悲心に訴えて恵んでもらうという状態になっては、乞食仲間に成り下がり、しかもその穢れ多しと思われている点に於いては、一般乞食よりもかえって損な立場に置かれたので、遂に幕末維新頃に見る様な悲惨なものになってしまったのである。

エタの被った残酷なる圧迫は、彼らが穢れたものだと誤解せられた点に素因を有している。しかしながらその圧迫を劇甚ならしめた直接の動機は、彼らの人口増加から起った生活難の結果である。彼らにして是非とも一般人民と区別せしむるを必要とするならば、これに圧迫を加えてその溢出を防ぐのは社会自衛上やむをえぬ手段であったかもしれぬ。これに対して反抗を続け、間隙を求めて逸出を図るの事は、また彼らにとって自己生存上の当然の要求であらねばならぬ。しかもこの闘争に於いて、彼らの取った手段は常に拙劣であった。これが為に彼らは一層当路者と一般世間の嫌悪を招き、結局敗残の極みに陥ってしまったのである。今やエタ非人の称廃せられてよりここに半百年に近く、彼らは既に久しく帝国臣民として何ら区別のないものとなっているのである。しかも世間はなおその圧迫を全然解放するに至らず、帝国民中五十分の一にも相当する多数の同胞を不遇の地に放置することは、まことに昭代の恨事と言わねばならぬ。

特殊部落の人口増殖

1　特殊部落人口増殖の事実

我が国には古え天益人《あめのますひと》の語があって、人口が日々増加しつつあることは、太古以来既に認められておった。近いところで明治五年初めに約三千三百十一万と言われておった内地の人の数が、大正五年末には約五千五百六十四万となっている。近年の増加の数は、毎一年約七十万ないし八十万であるから、本年初めの数はおそらく約五千七百二十万にも達している事であろうと思う。その毎年増加の率は、また年とともに増して来る方で、明治五年以来の割合は、大体に於いて千人につき八人ないし十五人という事になっている。

かく盛んな増殖率を有する我国民の中に於いて、特殊部落民の増殖率はことに盛んである。明治四年八月二十八日にエタ非人の称を廃した際の数を見るに、エタ二十八万〇三百十一人、非人二万三千四百八十人、皮作等雑種七万九千〇九十五人、合計三十八万二千八百八十六人とある。この中非人と言われた方のものは、その後大抵解放されて、もはや所謂特殊部落の待遇を受けていないのが多い。また右の雑種というものの中にも、普通民に混じたのが多数であるとは察せられるが、仮りにエタ及び皮作等雑種と言われたものの全部が、今日の所謂特殊部落の本をなしたとしてみても、明治四年称号廃止当時の数は三十五万九千四百〇六人である。されば明治五年正月二十九日調べの内地人口三千三百十一万〇七百九十六人という統計に表われた数を以て、その五ヶ月前に遡って、仮りに三千三百〇五万ないし六万の人口があったとすれば、当時の特殊部落民は総人口の九十二分の一、すなわち九十二人の中に一人ある割合にしか当っていなかったのである。

しかるに単に部落民だけのその後の人口の統計について調査してみると、案外にも増加数の、ことに夥しいのに驚かされる。本年一月のその筋の調査によるに、報告未着の東京府の一部、及び神奈川・宮城・岩手・秋田の四県を除き、その他に於ける部落住人口（部落内居住普通民を除く）の総数が八十三万四千七百四十五人、部落外居住者人口総数六万九千六百六十七人、合計九十万四千四百十二人とある。この以外に他へ転籍もしくは移住して、普通民の中に蹟を没したり、もしくはもはや部落民として認められなくなっているものの数も、過去四十余年間には少からぬものであろうと思われる。現に北海道へ移住したものの如きは、社会からも殆どこれを区別することなく、したがって一人も右の統計には載っていないのである。東京の如き雑多の地方人入り込みの場所に於いても、今や殆ど忘れられて、右の統計に載っていないのが多い。おそらく彼らの子孫自身も、父祖がもとそんな者であった事を知らないのであろう。そこで近ごろ或る部落有志者の概算では、大略百二十万ないし百三十万はあるであろうという。甚だしいのに至っては、百五十万もあろうなどという統計を見積っているが、今仮りにまず最も少く見て、概算百十二三万人としたならば、部落民の総数は内地人総数の約五十分の一、すなわち五十人中に一人ある割合に相当することとなるのである。すなわち内地人全体が明治四年から四十七年余の間に七割六分弱を増す間に、部落民のみの間では、二倍と一割強の数を増しているので、その増加率に於いて、実に普通民の二倍八分に相当しているのである。（さらにもしこれを百五十万と見積ったならば、内地人総数の約三十八分の一となり、明治四年以来四倍と二割弱の増加をなし、その増加率に於いて普通民の四倍二分に相当することとなるのであるが、それは余りに多きに過ぎる様に思われる。）

さらにこれを近く十二年間の京都府下だけの異動について見るに、明治四十年の調査では三万三千二百九十一人であったものが、本年初めの調査では、四万二千七百〇二人で、二割八分強の増加となっているのである。これは勿論生活の便を求めて、近く他地方より府下へ来住したものも少からず交っているには相違ないが、それにしてもその増加率の多いには驚かざるをえぬ。

しかもかくの如きは、決して明治以来の事ではない。「京都御役所向大概覚書」によるに、今を距る二百四年前の正徳五年調査の「洛外穢多家数人数の事」という条に、

百八十八軒	七百八十九人	六条村
四十六軒	百二十三人	蓮台野村
二十軒	百十六人	北小路村
四十四軒	二百三十三人	川崎村
百三十八軒	五百九十人	天部村
十七軒	七十一人	小島村
七軒	二十七人	龍ケ口村
十四軒	五十八人	舁揚村
八軒	三十五人	西代村
二軒	十五人	北河原村
二軒	七人	柳内村

　合計十一部落、四百八十六軒、二千六十四人

とある。しかるにそれが、百九十三年後の明治四十年の調べによると、

千百六十九戸	五千三百九十六人	旧六条村
百六十三戸	千二百七十六人	旧蓮台野村
九十六戸	六百七十一人	旧北小路村

二百五十三戸	千五百八十七人	旧川崎村
三百六十四戸	二千〇〇一人	旧天部村
四十三戸	二百六十五人	旧小島村
八十三戸	四百五十六人	旧龍ケ口村
五十八戸	四百五十二人	旧（昇揚村・北河原村）
三十三戸	二百十六人	旧西代村
二十戸	百三十二人	旧柳内村

合計二千二百八十二戸、一万二千四百五十二人

とあって、正に六倍九分に増加しているのである。各村現在の実数は未だこれを知るの便宜を得ぬが、仮りにその後本年まで十二箇年間に於いて、京都府下全体に於ける増加の割合の平均によって、二割八分強を増加したとしたならば、現在では合計約二千九百戸、一万六千人にも達している筈である。その中にも旧六条部落の如きは、他地方からの移住も多いことであるから、実際にはさらに多数に上っている事であろうと思われる。

因みに云う。右の村名は現在多くその称を異にし、或いは分合しているのもあるが、前後対照の便を図る為と、一つは現在の名をわざわざ吹聴するの必要を認めぬのとより、ことさらに旧名を掲げておいたのである。

また云う、享保十七年五月の「六条村年寄書上」に、「人数合六百三十六人、内男三百二十五人、女三百十一人。右は当村の人数当子の五月改当歳巳上云云」とあるのは、所謂役人村たる旧六条のみで、出村を除いた数か。不審。延享元年六月の調べには九百五十九人とある。

また云う、右の旧六条村の戸口数の中には、約四十戸二百人の旧悲田院の徒を交えているそうであるが、大勢に関せぬから、そのままに存しておいた。

かくの如き増加は、ひとり京都付近のみに限った事ではない。京大書記松山義通君の談によると、大和柳本の部落はかつて織田家がこの地に陣屋を設くるに際し、笞刑執行・汚物掃除・死牛馬取片付等の必要より、新たに三戸を他から移植せしめたのが初めであったが、今では五十戸にも上っているという。紀州の森彦太郎君の報告によると、同国日高郡高家川部落は、享和四年に同郡下志賀部落より三戸の移住者が開いたもので、今では十六戸に達しているという。享和四年はすなわち文化元年で、今より百十七年前であるが、その間に彼らは増加して五倍強に達しているのである。ことにこの高家川部落創設許可の際の約束書に、「隣村萩原村慶長年暦御検地の砌《みぎり》、皮田の者三人之由、此節にては多人数に相成、野山等苅込にて、本郷一統迷惑に及び」云々とあるのを見ると、慶長以来享和以前の二百年間にも、夥しい増加のあった事が察せられるのである。そしてかくの如きの例は他にも甚だ多い。

2　その一例としての京都旧六条部落の膨脹

部落民が劇甚なる増加率を以て増殖して来た過去の事歴は、全国を通じてほぼ同様で、もと非人と言われた部落が漸次凋落し、住民次第に分散して、蹟を普通民中に没してしまったのが多いのに反して、もとエタと言われた部落のみは、年とともに到る処に発展して、遂に今日の状態をなしているのである。

一概にエタ・非人と呼ばれたものの中について、往時両者の割合がどの位であったかは、今にしてもとよりこれを詳らかにする事が出来ぬ。しかしながら少くも京都に於いては、正徳五年の洛外エタの人数が僅かに二千〇六十四人に過ぎなかったのに対して、同年調べの非人の数は、実に八千五百〇六人に達し、殆ど四倍強の多きを有しておったのであった。しかるにこれら非人部落に於いては、その多数は既に退転してしまい、依然旧地に存するものも多くは社会の進歩と並進して、もはや特殊部落として認められる様な事はなく、ただ僅かに南方の或る一部に居る極めて少数のもののみが、隣家のお相伴という次第でもなかろうが、今なおすこぶる社会の進歩に後れて、他から部落民を以て目せられているばかりである。

明治四年称号廃止の際に於ける非人の数は、全国を通じて僅かに約二万三千五百人で、正徳の京都一地方のみに於けるものの数に比して、僅かに二倍八分弱にしか当らないのであった。これは正徳以来明治四年迄、百五十余年を経過する間に、その多数が解放せられてしまった確かな証拠である。しかるにひとりエタと呼ばれたもののみは、この解放に漏れて、ますますその数を増したのであった。

今その部落発展の一例として、京都旧六条村の沿革を述べてみたい。

六条村はもと今の五条橋下中島の地、すなわち古えの六条河原の地にあった。（今の五条通りは古えの六条坊門で、松原通りが五条通りであった。その松原通りから六条通り迄の間の河原を六条河原と云ったのである。）これ六条村の名ある所以である。その以前寛文頃迄は、今の松原通り東洞院の東、稲荷町の地にあったとも言われている。その地は因幡薬師の東で、或いは東寺の散所法師の如く、因幡堂のキヨメすなわち掃除夫であったのかもしれぬ。ところが寛文三年に至り、市内整理の為に右の六条河原に移ったのであったが、さらに正徳二年に、妙法院に於いてこの地が入用とあって、妙法院領七条お土居以南の高瀬川付近に地を点定し、ここに移転せしめたのが後の柳原六条村である。当時給せられた地は七条お土居外、高瀬川と船入との間に於いて、六尺五寸棹で僅かに二千五百六十六坪、ほかに皮張場五百十一坪、合せて三千七十七坪たるに過ぎなかった。しかし当時の簡易生活の彼らの社会では、百八十八軒七百八十九人（正徳五年調べ）に対して、これだけでともかくも間にあったものと見える。

しかしその後間もなく人口増加して狭隘を感じ始めた。すなわち移転の後僅かに十年の享保八年に至って、六条村橋入口、妙法院領三畝三歩の地を居小屋地に願って許された。七条出屋敷三軒町或いは三軒屋村という名が享保頃に見えているのはこれであろう。

ついで享保十一年二月に至り、さらに六条村手下大西屋庄左衛門・大和屋喜三郎・住吉屋安兵衛より、旧銭座《ぜにざ》跡開発のことを思い立ち、天部・川崎・蓮台野等の仲間村にも故障なき旨年寄の連署を得て、東町奉行所公事方の許可を願い出たが、この度は許されなかった。そこで熱心なる出願人等は、遂に奉行所の投入箱へ願書を投げ入れるという最後の手段にまで出たので、八月四日奉行より、

> 不届千万に候。此度之儀急度可㆓申付㆒品有㆑之候へ共、此度は中分に指置候。重て箇様なる不届の儀を書付投入致し候はゞ、急度曲事可㆑申候。向後は新家に付、願出儀成間敷候。

との叱責を受けて、願書は奉行所門前で焼き棄てらるるに至った。しかしその後懇願遂に功を奏したものか、享保十七年に銭座開発の運びになった。かくて寛保二年にはだんだんここに三十軒の家持ちの存在を見るに至り、延享元年六月十七日の調べに、六条村全体で九百五十九人と見えている。町数もだんだん増して、延享五年頃には銭座屋敷、六条村中之町・下銭座町などの名も見えている。銭座とは六条村の南方郊外妙法院領の地で、寛文二年に大仏を鋳潰し、寛永通宝を鋳た場所である。これよりだんだん居小屋地南に延びて、遂に八条通りにまで達するに至った。延享頃の死刑人見張番人足等の中に、六条村組下九条方というのがあるのを見ると、この頃すでに八条通りを越えて、九

条方へ出ていたものがあったかに見える。また文政九年十二月には、東寄りの方にも本村に接して出村を設け、天保十四年十一月には、天部領小稲荷の地を年二十一石の年貢で天部村から租借し、建家の承諾を得てここにも発展した。ここに於いてもと僅々八反半ばかりの地所に引移った六条村民は、船入の左右に渉り、高瀬川を越え、北は七条通りの南お土居外から、南は八条通りまでに及び、近時はさらに八条通りを越えて、九条領岩ケ下にまで溢れ出しているのである。かくて正徳の百八十八軒七百八十九人は、百九十三年後の明治四十年に一千百六十九戸五千三百六十六人を数うるに至り、戸数に於いて六倍七分五厘、人口に於いて六倍九分弱の多数に達した。今日ではおそらく一千三百戸六千人以上に達したと言われているのである。

この中に於いてもとの六条の地のみは、祖先以来の役儀を継承して、所謂役人村として知られ、新たに発展した他の部分は、牢屋外番人足にも徴集されたが、主として工業によって生計を営んでいたのであった。

正徳以来の京都付近十一ケ村の戸口の増加の割合を見るに、正徳の四百八十六軒二千六十四人が、明治四十年には約二千二百八十二戸一万二千四百五十二人にも達しているので、戸数に於いて四倍七分、人口に於いて六倍強となっているが、この旧六条村の増加は、戸数に於いても口数に於いても、遥かにこれらの平均以上に達しているのである。かくの如きはこの地が近く大駅を経て、生活上の利便が多いがために、鉄道開通後ことに多数の来住者を招いたという理由もあるけれども、過去に於ける増殖の著しいことも、また特に著しかった事は疑いを容るる余地がない。

3 普通民と部落民との増加率の比較

明治四年以来全国の人口が七割六分弱を増す間に、特殊部落民は二倍と一割強の増加をなし、明治四年に全国人口の九十二分の一にしか当らなかった部落民は、今日は五十分の一(或いは三十八分の一)にも達していることの統計は、既に前に述べておいた通りである。この著しい増加率の相違は、さらにその以前に於いていかなる状態であったか、普通民との増加率の比較いかがであったであろうか。

徳川治世三百年間は、大体に於いて太平無事であったが故に、我が人口も必ず大いに増加したであろうとは、何人も手軽に想像しうるところであるが、事実はこれに反して、増殖率の案外低いのには驚かざるをえぬ。徳川幕府の人口調査は、享保六年以後毎六年目に実施せられている。これより元治元年に至るまで二十五回の実施のうちで、十五回だけの数は今日これを知る事が出来るが、その第二回目の享保十一年の調べが二千六百五十四万八千九百九十八人、第二十二回目弘化三年が二千六百九十万七千六百二十五人で、百二十年間僅かに三十五万八千六百二十七人の増加を見るに過ぎなかったのである。勿論この統計は、決して正確とは言い難いものであろうが、当時宗門改めのやかましかった時代であるから、案外信用するに足るものであろうと思われる。もっともこの中には、公家・武家、並びにその奉公人・又者等を除外した数であるから、実際上の帝国臣民の数は、さらにこれよりも数割の割増しを見る必要あるべく、かくて明治五年に至って、三千三百十一万の統計を見るに至った事であるが、大体に於いては徳川時代を通じて、甚だしい増減のなかったものなることだけは、これを承認して差支えなかろうと思われるのである。

さらに京都だけの人口を見ると、これは時代によってかえって減少の傾きがあった。「京都御役所向大概覚書」の付箋によるに、

正徳五年	三十五万九百八十六人
享保元年	三十五万三百六十七人（六百十九人減）
享保二年	三十五万三十三人（三百三十四人減）
享保三年	三十四万六千四百三十一人（三千六百〇二人減）
享保四年	三十四万千四百九十四人（四千九百三十七人減）

これは一つは調べ方にもよる事であろうが、大体に減少の傾きのあった事は疑われぬ。もっとも右の数は、公家・堂上並びにその付属家人・使用人、武家・寺社・エタ・非人等の人々を除外したもので、普通には徳川時代の京都の住民、四十万ないし五十万と言われ、幕末まで決して甚だしく増加したとは思われぬ。そして明治になっては一旦著しく減少し、近年ようやく復旧した位の状態になっているのである。しかるにこの間にあ

って、エタの方は毎年著しく増して行ったのであるから、その比較が年とともに甚だしく違って来る。正徳五年に仮りに京都の人口四十万余として、エタ一人で二百人の需用を受け持っていたものが、後には百人となり、五十人ともなって来たのであった。そして、それが相変らず狭い範囲で暮らして行かねばならなかったのである。

正徳五年の全国人口の調査は不幸にしてこれを知る事が出来ぬ。しかし享保以後の増加率から類推してみると、享保十一年より僅かに十二年前のこの年に於いて、甚だしい異同があったとは思われぬ。そこで仮りに公家・武家並びに奉公人・又者、その他の漏れたものの数を、しばらく大きく見て百四五十万と数えたなら、正徳の全国人口は約二千八百万となる訳である。この全国人口数と、当時の京都近在十一箇村の穢多数二千六十四人との比は、十万人に対して僅かに七人四分弱にしか当っていなかったのであるが、現在の内地人約五千七百二十万人と、同じ部落の人口約一万六千人との比は、十万人に対して二十八人の多数に達しているのである。すなわち過去二百年間に於ける全国民増加の割合よりも、京都付近の部落民増加の割合が、三倍八分の多数を示しているのである。

正徳の頃に於ける全国のエタの数は、またもとよりこれを知る事が出来ぬ。しかし仮りにその頃から現今にまで増加した京都付近十一部落の合数の割合を以て、過去に遡って逆算し、試みに当時の数を割り出してみるならば、現在の全国総部落民が百十二三万人、しばらくこれを百十二万四千人として、正徳の頃には約十四万五千人であった筈である。爾後約百五十年、明治四年迄に全国民が一倍と一割八分強に達する間に、部落民は二倍と四割八分弱の数となり、今日まで約二百年間、全国民が二倍と四分三厘弱の増加となる間に、部落民は七倍と六厘強となっているのである。さらに明治四年称号廃止の際までの増加の数を見ると、全国民が僅かに一割八分を増す間に、部落民は実に十四割八分を増しているのである。正徳の頃にエタ一人で百九十三人強の人口に対する用務を弁じ、百九十三人強の人口に対する需用品を供給していたものが、明治四年の頃には一人で僅かに九十二人強の用務を弁じ、九十二人の需用品を供給する事となったのである。

かくの如きの劇甚なる人口の増殖は、果していかなる結果を彼らの運命の上に来したであろうか。言うまでもなく彼らの生活難である。彼ら自身の仲間に生きんが為の競争が起る。彼らの社会に於ける地位はますます低くなる。彼らの製品の価格はますます安くなる。勢い世間に向かって溢出せんとして世人の嫌悪と圧迫とを甚だしくする。当初は世間から歓迎せられ、各地に移植されて、自然と生活も安易であったものが、後には邪魔物にせられ、生活困難を来す事となったのである。これらの事情は別項「エタに対する圧迫の沿革」中に詳説しておいたから、それを見合せてもらいたい。

4　増加率に著しい差違を生じた理由

徳川時代を通じて我が全国に於ける人口のあまり増加しなかったという理由は、もとより簡単にこれを説明する事が出来ぬ。或いは病気に対する抵抗力が弱かったということもあろう、営養が悪しくて生産率が少かったという理由もあろう。昔の人は長寿のものが多かったということは、よく我々の耳にするところである。なるほど長生きしたものの比較的多かったのは事実であろう。しかしながら、その代りに子供の死亡者の多かったのもまた事実である。今の老人達の少年の頃の様子を見るに、数人の兄弟がことごとく無事に揃うて成人したというのは殆ど稀である。昔の子供は疱瘡という大厄を控えていた。旧派の演劇で非業に子を失った母親の愁嘆場には、往々にして「疱瘡も軽く済ましたものを」という繰り言が伴っている。これらもまた死亡率を多からしめた原因の一つになっているであろう。しばしば猛威を逞しゅうした他の流行病についても、予防の方法を知らなかったが為に、死なずともすんだ筈の人を多く殺したという事もある。しかしながら最も大きな原因は、世間体を憚るという虚栄心と、生活難から来る人口増加の制限とに起因した、堕胎とまびきとの習慣の盛んに行われた為であろうと思われる。幕府施政の方針は、百姓を殺さず活かさずに扱うというので、彼らは実にみじめなものであった。したがって今でも僻陬《へきすう》の地には、生児制限の弊風が往々にして認められる。或る地方では明治三十九年の丙午《ひのえうま》の年に生児が少かったという事実もある。自分がかつて或る県の漁村の小学校を視察に行った時に、女児の就学児童の極めて少いのに不審を起して、村の学齢簿を調査してみたところが、実際その村には女の児が少かった。「この村は奇態に昔から女の児の少い所で、嫁は多く他村から貰うのです」との説明を聞いた事もあった。

しかるに所謂エタの仲間では、すべての事情が右説くところと反対であったかと考えられる。彼らは肉食と労働とに慣れて、営養が比較的良かった筈である。ことにそれがその簡易なる生活と相俟って、病気に対する抵抗力を強からしめたという事情もあろう。一般人民に対して猛威を振い、甚だしくその生存を脅かした流行病の如きも、彼らには比較的影響が少かったに相違ない。今でも部落の人々は、不衛生的な生活をなしているにかかわらず、伝染病に殪《たお》れるものが比較的少いそうである。またその生産率に於いても、彼らは普通民より多かったに相違ない。彼らにはもと生活上の困難がなかったが為に比較的早婚でもあったであろうし、独身者の数も少かったのであろう。また「貧乏子沢山」という諺は、必ずしも貧乏であるが故に子が多いのではなく、労働に衣食して、頭脳を用うることの少いものには、自然生殖力も強い事を示したので、彼らの生活は正にこれに匹敵したものであったであろう。ことに彼らは、生活が豊かであった上に世間体を顧慮するという念が少かったので、堕胎・まびき等の忌わしい習慣がなかったのではなかろうか。

彼らはまた入口があって出口のない湖水の様に、足を洗って外へ出る事は出来なかったが、外から部落へ流れこむ事は比較的自由であった。元文の頃になっても、京都蓮台野のエタ伊兵衛が、町人近江屋伊兵衛の抱え女ちよを妻として、エタに落したというのが不届きだとあって、三条橋畔に三日間晒した上、追放せられたという事実もある。この処刑の反面には、処刑されずにそのままエタに落ちてしまったのもあったろうとの事を示している。ことにエタがまだ余り甚だしく世間から嫌われなかった際に於いては、それがさらに少からぬものであったであろう。また「エタ源流考」に説くところの如く、社会の落伍者がここに流れ込んだのも多かろう。所謂「生国相知れ申さぬ」「見懸人穢多」の子孫という類のものの中には、エタならぬ落伍者も雑っていたと察せられるのである。

その原因はいかにもあれ、彼らの人口増加の率が、世間の人口増加率よりも甚だしく多かったというのは確実なる事実である。そしてそれが彼らを安楽境から脅して、細民部落ともなし密集部落ともなした後にも、なお旧来の習慣は存続して、今以て彼らは甚大の増加率を示しているのである。

上代肉食考

1　神道と肉食禁忌の事実

我が国俗魚肉を喰うは必ずしもこれを忌まぬ。鳥肉の如きも多くの場合これを忌まなかった。しかし獣肉に至っては、神祇の忌み給うところだとして、これを口にするを避け、犯すものは穢に触れたものとして、〔四字不明〕慮せねばならぬと信ぜられておった。神道の書物を見ると、所謂触穢《しよくえ》の事がむずかしく見えている中に、いつも肉食の事が伴っている。「諸社禁忌」に、

一、鹿食

太神宮　式文三ケ日、神祇官人七ケ日忌之。不往反、或卅ケ日同火、或三七ケ日

石清水　百ケ日　同火　　賀　茂　卅ケ日　同火七ケ日

松　尾　同上　　平　野　同上

稲　荷　七十日　同火食間七十日後七ケ日　　春　日　七十日　同火

（下略）

「八幡宮社制」に

一、魚食 三箇日　一、兎狸 十一箇日　一、鳥食 十一箇日

「稲荷社家物忌令之事」に、

一、鹿食 百箇日 同火三十箇日　一、猪食 同　一、猿食 九十日

「新羅社忌服令」に、

猪者三十三日、鹿七十五ケ日。

大鳥七日、小鳥三日、四足獣類皆三十三日。

「日光山物忌令」に、

一、鹿二十一日、猪・鳥・兎七日。

「触穢問答」に、

鹿食の合火の事、鹿食人と合火は五十日穢也。合火の人に又合火三十日穢也。三転の憚也。合火せずとも鹿食の人と同家せば、五日を隔て、社参すべし。其故は六畜の死穢は五日也。鹿猿狐等は六畜に准ずる也。合火の者に同家は五日の憚なし。其者に合火せずば無憚。但六畜の死穢五日にして、甲乙の二転を憚る者相混ぜば五日を隔べし。此分歟如何。答。此分也。神妙。

などある。その憚《はばか》りの程度は神社により、また時代によって相違があった様だが、ともかく肉は穢れあるものとして、これを犯したものは神に近づく事が出来ず、これに合火したもの、合火したものに合火のものまでも、またその穢あるものとしておったのである。

　これらの事はただに神道書類のみならず、「延喜式」にも、臨時祭の条に、「喫宍三日」とあって、神祇官では尋常これを忌み、祭祀に当っては余司もこれを忌むと見えている。されば宍《しし》という語をすら忌んで、所謂忌詞《いみことば》というものを生じ、伊勢の斎宮・賀茂の斎院では、宍を菌《くさびら》と呼んでいた程であった。それがさらに「禁秘御抄」には、

鹿食・蒜・産、此三事非㆓深忌㆒。但近代卅日、如㆑式《クンバ》七日也。

とあって、世を経るに従い次第に重くなった様である。

右の次第であったから、自分らの如きも子供の時分には、決して獣肉を喰った事はなかった。かつて村人の猪肉・兎肉を喰べているものを見て、子供心に、よくこの人らには神罰が当らぬものだと思った事もあった。これらの人々の遁辞には、猪は山鯨で魚の仲間、兎は鵜鷺で鳥の仲間だとあって、これだけは喰べてもよいのだと勧められたけれども、終《つい》に喰べる気にはなれなかった。しかるに郷里の中学校へ入学して、寄宿舎に入ったところが、賄い方はしばしば夕食の膳に牛肉を付けてくれた。上級生も平気でそれを喰っている。こわごわながら人並に箸を採ってみると、かつて経験した事のない美味を感じた。いつしか牛肉随喜党となり、はては友達の下宿へ行って、密かに近郷の或る部落から売りに来る牛肉を買って、鋤焼《すきやき》の味をもおぼえる様になった。時は明治十七八年頃で、諸物価も安かったが、牛肉の需要が少かった為に、百目四五銭で買えたと記憶する。かような次第で、おいおい大胆になっては来たが、それでもまだ家庭へ帰っては、牛肉の香りを嗅いだ事も無い様な顔をしていた。これは自分の家庭が特に物堅い為で、去る大正三年に八十三歳で歿した父の如きは、おそらく一生涯牛肉の味を知らなかった様であるし、今なお健在の母も、多分まだこれを口にした事はなかろうと思われる程であるから、自分のこの一家庭の事情を以て、もとより広い世間を推す訳には行かぬが、少くも維新前後までの一般の気分は、大抵そんなものであった。したがって肉食を忌まなかった旧時のエタが、人間でないかの如く思われたのにも無理はないが、しかしかくの如きものが、果して我が固有の習俗であったであろうか。

2　肉食の我が古俗

大宝令によるに、散斎の内宍《しし》を食うことを得ずとある。ただしこれは所謂散斎の間だけのことで、仏法奨励のこの時代にも、平素は神に仕えるものといえども、なお肉食は差支えなかった事と解せられる。また僧尼が酒を飲み、宍を食い、五辛を服することは無論禁制で、これを犯したものは三十日苦使すとあるが、しかしもし疾病の薬分の為に用いるものは、三綱その日限を給すとあって、薬用の肉食は僧尼でも差支えなかったのである。

さらにこれを古史について見るに、彦火火出見尊《ひこほほでみのみこと》は山幸彦《やまさちひこ》にてましまし、火闌降命《ほのすそりのみこと》は海幸彦《うみさちひこ》にてましきと伝えられている。言うまでもなく山幸《やまさち》は狩猟で、海幸《うみさち》は漁業である。狩猟・漁業の獲物は、神代の神達の食物としておられたものなることが、これで明らかである。崇神天皇の御代に男子に弓弭調《ゆはずのみつぎ》を課し給うとあるのも、一般人民が狩猟に従事し、鳥獣の肉を食としていた事が知られるのである。ただに狩猟の獲物のみならず、牛を屠って食った事も古くからあったとみえて、「日本紀」には、大和の土豪弟猾《おとうかし》が大いに牛酒を設けて神武天皇の軍を饗し奉り、天皇その酒と宍とを軍卒に班《わか》ち賜うたともある。降って天武天皇の四年に牛馬犬猿鶏の宍を食うを禁じ給うたとあるのも、従来これらの肉を喰っていたからの禁制である。そして当時といえども、猪・鹿その他の肉は禁制の外であったのである。また以て太古以来の肉食の風が察せられよう。

3　神祇と犠牲

神が獣肉を忌み給うというのも、上世の風ではない。仏法が盛んになって、神社に神宮寺や本地堂が出来た時代にも、古風を伝えた或る神社には、引続き鳥獣の犠牲《いけにえ》を供する習慣のものが少くない。中にも著名なのは信州の諏訪大明神、肥後の阿蘇大明神などで、諏訪の御狩、阿蘇の御狩の事は、その道の人で知らぬものはない。謡曲「劒珠」には、

恭くも天照大神や諏訪・鹿島、いづれも肉魚をひもろぎに備へ、三千世界の鱗《うろくず》までも、縁を結ばん御誓云云。

などともあって、伊勢や鹿島にもそれがある。仏者の方では、それを自家の都合よい説に引きつけて、仏縁を結ぶの誓いだと説き曲げてまでも、これを黙過しなければならなかった。三河の菟足神社に猪肉を祭ることは、「今昔物語集」にあるが、後世には雀を以て代えたという。また美作の中山神社・高野神社に、共に古え牲《にえ》を以て祭った事は「宇治拾遺物語」にある。摂津の西の宮についても、「毎年正月九日（即ち十日戎の前夜）村民門戸を

閉ぢ、出入をやめて、諏訪神社の御狩と号して、山林に望みて狩猟を致す。猪鹿一を得れば則ち殺生をやめ、西の宮の南宮に手向奉る。礼奠今に断絶せず。」と「諏訪縁起」にある。日向の串間神社にも、猪を殺して臓物を十二所明神に供える例であったという。これらは仏法の勢力の比較的及び難かった所に遺った旧風で、その例はほかにも多く、太古にはいずれの神社にも動物を犠牲として供したものであった。神主はその犠牲たる動物を屠って神に供したのである。神主のことを古来「はふり」という。また動物を殺すことを「ほふる」という。神主は同時に屠殺すなわち、「ほふる」ことを行ったので、両者同語を以てあらわすことになったと認められる（別項「屠者考」参照）。されば仏法が這入って、慈悲忍辱の心から、高等動物を殺して神に奉るに忍びなくなっても、なお生物の肉を供することはやめにならない。「延喜式」の神祇式を見ると、獣肉の事はないが、魚肉を供えた事は殆ど何の社にも伴っている。さらに遡っては所謂毛麁物《けのあらもの》毛柔物《けのにこもの》、鰭広物《はたのひろもの》鰭狭物《はたのさもの》で、鳥獣魚介の類を忌まず捧げた。特に祈年祭の祝詞には、御年神に白馬・白猪・白鶏等種々の物を供えたとある。仏法伝来後百年に近い皇極天皇元年に於いてすら、祝部《はふりべ》の教えによって、村々の民が人に最も親しい牛馬をすら殺して、諸社の神を祭ったとの事が「日本紀」にある。牛を殺して漢神を祭るの事は、その後も久しく行われたとみえて、延暦十年九月に、伊勢・尾張・近江・美濃・若狭・越前・紀伊等の諸国にこの風の行われたのを厳禁された事があった。その後延暦二十年四月にも、越前にこの事あるを禁じ、摂津にもこの風のあった事が「霊異記」に見えている。

4　供御と獣肉

右の如き有様で、一般人民が獣肉を食した事は言うまでもなく、畏くも至尊の供御に於かせられても、猪鹿の肉を忌まず召し上がられた事であった。仁徳天皇の御時に、摂津猪名の佐伯部《さえきべ》が天皇御寵愛の鹿を殺して御贄《みにえ》として上《たてまつ》り、御怒りに触れた事があった。雄略天皇は吉野に御猟し給うて、大いに禽獣を得たまい、その場で群臣に鮮肉の野饗を遊ばそうとなされて、宍人部《ししひとべ》を置き給うた事もあった。宍人部とは肉を扱う部族の名である。天皇御遊猟の事は、この後にも甚だ多く古書に見えている。

天皇猪鹿の肉を召し上がるの習慣は、天武天皇が牛馬犬猿の肉を食うを禁じ給うた後もなお久しく行われた。「万葉集」の歌に、鹿の肉を膾（なます）として、天皇の御贄（みにえ）に奉った事が見えている。天平宝字二年七月、光明皇太后の御病気に際して、諸国に令してその年内殺生を禁じ、また猪鹿の類を以て永く進御するをえずとの詔はあったが、これが果していつ頃まで励行されたかは明らかでない。「延喜式」には、諸節の供御料として鹿宍・猪宍の名が見え、近江国は元日に猪鹿を副進すともあって、延喜の頃なお天皇の供御には、これらの肉を奉ったのであった。「侍中群要」引くところ延喜十一年十二月二十日の太政官符にも、近江国から鹿や猪の宍を御贄《みにえ》として奉らしめた事が見えている。

肉食の目的で牧畜を行ったのも古い事で、家猪すなわち豚を飼って食料に供した習慣も古書に往々見えている。「播磨風土記」には、猪飼野で日向肥人朝戸君が豚を飼った話があり、大阪の東猪飼津の名は、既に「日本紀」仁徳天皇の条にある。かくて猪飼の家には富豪もあったと見えて、宮城の偉鑒門《いかんもん》は猪飼《いかい》氏の寄付になったとさえ伝えられている。その他伊勢の桑名郡にも猪飼、常陸の行方郡にも井貝の地名があるのは、豚の牧場が名に遺ったものであろう。

5　仏法の流行と殺生・肉食の禁忌

しかるに仏法が盛んになって、殺生を戒むるの念が次第に起った。それでもなお聖徳太子の頃には、まだあまりひどくなかったとみえて、太子御自身にも、天皇を奉じて兎田野に遊猟をなされた。五月五日の薬猟がそれで、薬猟は鳥獣を獲ることの代りに、薬草を獲るのだとの説があるが、それは取るに足らぬ。仏徒の手に成った筈の「太子伝暦」にさえ、「天皇兎田野に幸して、自ら虞人獣を逐ふを見る」とある。薬猟に鹿を捕り、その肉を嘗にする事は「万葉集」の歌にも見えている。

しかるに天武天皇の御代に至って、家毎に仏舎を作らしめると云う程にも、仏法御奨励であったので、四年には檻穽・機槍の類を以て獣を捕る様な、ひどい狩獲法を禁じ、また牛・馬・犬・猿・鶏の如き、人に馴れもしくは人に近い動物の肉を喰う事を禁じ給い、五年八月には諸国に詔して放生せしめられたが、それでも天皇御自身なおしばしば遊猟し給い、鹿・猪・狸・兎・豚などの肉を喰うことは、勿論御禁制ではなかったのである。その後和泉海岸高脚浜《たかしのはま》付近の漁業を禁ぜられ、持統天皇の三年には、さらに摂津武庫の沿海、紀伊の有田郡那耆野、伊賀の伊賀郡内野の漁猟を差し止められたが、それも一地方限りの事で、一般には狩猟も漁業も行われ、引続き代々の天皇御遊猟の事も珍らしくない。養老五年に至って放鷹司の鷹・狗、大膳職の鸕鷀《ろじ》、諸国の鶏・猪をことごとく放たしめたが如きこともあったけれども、勿論一時限りの事で、為に肉食が廃せられた訳ではない。また天平四年には、畜猪四十頭を山野に放ち、生命を遂げしむともあるが、飼わるるに慣れた鶏や豚が山野に放たれて、自分で一身を保護し食餌を求めなければならぬ様になっては、かえって迷惑であったかもしれぬ。

6　肉食を穢れとするの風習

ともかくも肉食は我が上代の俗である。したがって神祇は無論これを忌み給わなかった。しかるに仏法の流行とともに、所謂両部習合の神道が起って、神もまたこれを忌み給うものである。それは穢れたものであるとの思想が、だんだんと人心に浸染して来て、一部の間には肉食の古風を守るものを賤しみ憎むという習慣が起って来た。賀茂神社の如きも、もとは必ず鳥獣を供えたものであったであろうが、もはや仁明天皇の頃に至っては、絶対にこれに近づかぬ風になっていたらしい。承和十一年に神社より上《たてまつ》った解文《げもん》によると、

鴨川之流経㆓神宮㆒、但欲㆓清潔㆒之、豈敢汙穢。而遊猟之徒就㆓屠割事㆒、濫穢㆓上流㆒、

経㆓触神社㆒。
因㆑茲汚穢之祟屢出㆓御卜㆒。雖㆑加㆓禁制㆒曾不㆓忌避㆒。仍申送。

とある。もっとも神祇が血穢を忌むという思想は古くからあったが、肉食とそれとは自ずから別であったらしい。しかるにそれがだんだんと混じて来て、禁忌の思想が烈しくなった。賀茂は仏法を近づけぬので有名な神社であるが、それでも一時は神宮寺が出来た程で、自然仏法の影響を受けた事もあったのであろう。これが為に鴨川上流に於ける遊猟は、絶対に禁断となった。上流で獣を屠るという事すらが既に神域を穢し、神の祟りがあるという程であるから、その肉を食ったものが一般に神社に参詣する事が出来ないというのは無論である。もしその禁を犯さばたちまち神罰に当る。かくて遂には「宍喰《ししく》った報《むく》い」という諺まで出来て来た。大和春日の神山では、承和八年に狩猟を禁じている。賀茂では承和十一年の禁制があっても、なお励行がむずかしかったものとみえて、元慶八年にさらにその禁を重ねている。犯したものは五位以上は名を取って奏聞し、六位以下は身を捉えて法によって処分せよとあるから、随分立派な人達までも、なお隠れて禁を犯すものが多かったらしい。

かく神がこれを忌み給うというばかりでなく、現神《あきつかみ》とます高貴の方も、いつしかこれを口になさらなくなった。それがいつの頃から始まったかは知らぬが、鹿肉を食したものは、当日参内する事が出来ないとまで、穢れたものとされて来た。「江談抄」に、

「喫二鹿宍一人当日不レ可二参内一事」とあって、

又被レ命云、喫レ宍当日不レ可二参内一之由、見二年中行事障子一。而元三之間、供二御薬御歯固一。鹿猪可レ盛レ之也。近代以レ雉盛レ之也。而元三之間臣下雖レ喫レ宍不レ可レ忌歟。上将《ハタ》主上一人雖二食給一、不レ可レ在レ忌歟云云。但愚案思者、昔人食レ鹿殊不二忌憚一歟。上古明王常膳用二鹿宍一。又稠人広座大饗用二件物一云云。若起請以後有二此制一歟。件起請何時卜慥不レ覚。又年中行事障子被二始立一之時、不レ知二何世一。可二検見一也。

と云っている。すなわち上古は天子も鹿肉を用い給い、臣下も無論これを憚《はばか》らなかったが、いつの頃よりかこれを忌み給う事となり、為に猪鹿に代うるに雉を以てするという事もあり、現に大江匡房の頃には、鹿を喰うもの当日参内すべからずとの状態とまでなっていたのである。

7　狩猟・漁業と肉食

かくの如く、殺生を悪事と心得、肉食を穢れたものと教えた世の中にも、その禁は魚肉には及ばず、鳥獣といえども実際これを禁遏しつくすことは出来《でく》べき訳ではなかった。

漁夫はもとより、猟師（さんた）というものの存在も依然として認められていた。漁家の出たる日蓮上人は、我は旃多羅《せんたら》の子なりと仰せられた。旃多羅はエタである。しかもその漁業は、獣猟とともに一つの生業として公認されていたのである。

「今昔物語集」に、京都北山の餌取法師、鎮西の餌取法師の噺がある。これらは餌取法師とは云うものの、実は真の餌取ではなく、牛馬の肉を喰っていたから、餌取法師と言われているので、その実行《おこな》いすました念仏の修行者であった。そんな念仏の修行者でも、餌取の残した牛馬の肉を喰った事があったとみえる。牛馬の肉を喰うものを餌取と云ったことは、すでに平安朝からのならわしであった。しかしこれは特に牛馬の肉について云ったものらしく、その実餌取以外にも、肉食をなすものの多かったのは無論である。

源頼朝の富士巻狩はさらにも言わず、いやしくも遊猟の行われた場合、その獲物を喰わぬ筈はない。後村上天皇が四足の物を憚らせ給わなんだ事は「海人藻介」に見え、尾州敬公（徳川義直）が狩の獲物なる鹿を臣下に賜わったことは、「塩尻」に見えている。肉食が依然として行われた事はこれを見ても明らかである。されば江戸で平河町・四谷宿などには、獣店があって、盛んに獣肉を発売し、寛永の刻本「料理物語」には、狸汁・鹿汁・狸でんがく・猪汁・兎汁・兎いりやき・川獺かい焼・同吸物・熊の吸物・同でんがく・犬の吸物・同かい焼などの項目が見えている。狸汁の噺はかちかち山にも有名だ。もっとも藤堂高虎慶長十三年の法度に、猪・鹿・牛・犬、一切喰申間敷事ともあって、法を以て禁じた場合もあるけれども、果してどこまでそれが励行されたかは疑問である。

8　エタと肉食

近ごろ雑誌上にエタの起原を論じたものを見るに、よく「和漢三才図会」の文句によって、天武天皇詔して、六畜の肉を食うを禁じ、為に餌取を忌避して、同火同居を許さず、以て姓氏を異にすなどと云っているが、決してその様な事のあるべき筈がない。触穢の思想の盛んな時代にも、絶対に肉食を禁じた訳でなく、ただその後一定の期日間神詣を遠慮せしめただけである。同居同火の如きは問題ではなかった。ただ天武天皇が牛馬犬猿鶏の肉を禁じ給うたのは、人に功多き家畜、もしくは最も人に近い動物を屠ってこれを食うに忍びないという至情から来たもので、必ずしもその肉を穢れとした訳ではなかった。天平十三年の詔に、「馬牛は人に代りて勤労し、人を養ふ。玆に因て先に明制あり屠殺を許さず。今聞く国郡未だ禁止する能はず、百姓猶屠殺あり、宜しく犯すあらば、蔭贖を問はず先づ杖一百に決し、然る後に罪を科すべし」と仰せられたのは、よくその精神を示したものである。したがってこれを忌むは屠殺の所為にあって、あえて肉にあるのではなかった。されば死牛馬の皮を剥いで人生必要の皮革を製するが如きは、これまた人生必要の職業であって、あえてこれをのみ擯斥すべき所以ではない。ただ中世以後肉食の穢の観念が盛んになったが為に、ついでにその肉の美を嘗味した彼ら屠者は、その肉食の方から甚だしく賤まれて、遂には「穢多」という残酷な文字を用いて、賤者の仲間に入れらるるに至ったのである。それは主として牛馬の肉についてであるが、しかもその穢というものが果してあるならば、必ずしも牛馬のみに限らず、猪鹿羊豚必ずしも相択ぶべき筈ではない。

果してしからばエタのエタとして排斥せられるのは、主として肉食の為であった。今や我らは外国の風俗の刺戟を受け、遠く祖先の遺風に逆戻りして、牛馬羊豚、何でも忌まず喰っている。ことに初めから肉食の目的でこれを飼養し、肉食の目的でこれを屠殺するの残忍なる行為をも辞しないのである。しからば現時邦人中、この意味に於いてエタでないものが果して何程あるであろうか。我らは中途に於いて一旦触穢の迷信上から、獣肉の食を廃していたが、しかも内々にはなおこれを行ったものも少くなかった。そして所謂エタなるものはその職業上から、祖先以来の遺風をそのままに継続して、公然これを行っていたのであった。この意味から云えば、彼らは今やこの点に於いてむしろ勝利者の地に立っているのである。肉食ということがエタのエタたる主なる理由としたならば、日本民族はことごとくエタであった。そして現在の日本人またことごとくエタの状態にいるのである。

青屋考

1　青屋はエタの下との思想

青屋、一つに藍染屋《あいぞめ》という。或いは紺屋《こうや》・紺搔《こうかき》などともあって、古くからその名は記録、文書の上に上っている。「弾左衛門由緒書」に、治承四年に頼朝公から御判物によって許されたというエタ配下の賤者を列挙した所謂二十八座の中には、青屋或いは紺屋という名が必ず見える。もっともこの御判物と称するものが、真赤な偽物なるは申す迄もなく、またその所謂二十八座なるものは、大抵昔の雑戸や傀儡子の徒を列挙したもので、それらと列を同じくしている青屋のみが、特に別種だという訳はない。しかるに奇態な事には、上方地方では古くからこれをエタの仲間だと見做していたのである。今僅かに存する記録文書をあさって、その由来顛末を尋ねてみたい。

青屋を賤しいものとした事は、ひとり上方ばかりでなく、東国に於いても享保の「弾左衛門書上」に、已にその事の見えているのは、右述べた通りであるが、「慶長見聞書」(「古事類苑」引)に、穢多と申は、上宮太子の御時迄、日本に墨なし。木のやにを以てねり候て物をかく。色悪し。にかは唐より渡る。重宝物と思召、小野妹子大臣を御使にて唐え被レ渡候て、初てにかはを作り、かは具足を作る。太子御感被レ成御秘蔵有。其後程有、楽人渡る。又かはら焼も渡る。大工も渡る、但し大工は穢多より先に渡る。後に渡る者共、詞も日本に不レ通候間、かの穢多に万事教へられ、引廻されし故、今に音楽のやから、あをや・すみやき・筆ゆひ迄、己が下と申すは此時より初る也。

とあって、その由来はすこぶる古い。もっとも右のエタの起原に関する説は取るに足らぬが、青屋の事は享保になって弾左衛門が始めて勝手な事を言い出したのではなく、慶長の頃に於いて既にエタがそれを己が下だと主張していたのであった。

2　青屋はエタの徒との説

上方に於いては、関東とはすこぶる様子が違って、青屋をエタの下だと云うのではなく、直ちにこれをエタの仲間だと見ておった様である。京都町奉行の扱いによると、洛中、洛外の青屋は必ず青屋役（紺屋役とも）として、エタ頭の指揮の下に、エタと同様の公役に従事せしめたものであった。「雍州府志」に、「青屋元穢多之種類也」と云い、「芸苑日渉」に、「如二浴肆・藍染屋一、亦比二之屠戸一」と云ったのは、けだしこの状態について述べたものであろう。

青屋がエタ仲間だと見られたのは、実は京都ばかりではなかった。またそれが徳川時代になって始まった事でもなかった。「三好記」(「続史籍集覧本」)によると、阿波では既に三好時代に於いて、少くも或る一部に於いては、これをエタと同視していた。同書に、かの三好時代の三好長春の滅んだのは、青屋四郎兵衛の子大太夫を小姓に使ったが為であると解している。その理由の説明に曰く、「えつた交はる者は必滅び候と申て、堅くあらため申候。えつた交りして家の滅びたる証拠如何程も御座候」とある。また同書に、阿波の勝瑞の時(細川家の時代)堅久寺という真言寺が、青屋太郎右衛門から米を貰って、これを檀那に取ったので、他の寺々から絶交せられ、遂に青屋を檀那から放して交りを続ける事になったともある。また、

あをやと申者はばけものにて候を、年寄より外不レ存候。人間は生れぬ先の事は正しく不レ存候故に、化けて人交り仕り候。

と云い、

えつた皮毛物に成して、青屋染と申事仕り候。

などともあって、青屋は非常に穢れたものであるかの如く書いてある。

同書にまた云う、

勝瑞の南にたゝつ修理と申侍《さむらひ》有。青屋太郎右衛門が娘に米百石しきせにと申を嫁に取候て、間もなく果候に付て、たゝつ修理は米百石に子を売申候と申て、物笑ひに仕り候事。

長春様の小姓に山井図書と云たる人は、大酒飲にて、一日には酒一斗も二斗も飲候ても、さほど痛なく、一段と長春様の御意よしにて、夜昼の酒盛にて候に付て、真生根なく候て、青屋にかた衣《ぎぬ》をきせ申候。是も酒故とは不レ申候。青屋にかた衣着せたる故と申ふらし候。

「三好記」の著者道智は余程エタや青屋が嫌であったと見え、これに関係したものまでもかくしきりに悪口を書き連ねているのである。しかし反面よりこれを見れば、当時一部の人はかくこれを忌《いや》がっても、世間一般には左程これを嫌うことなく、現に三好長春の如き大名すら、青屋の息子を小姓としてこれを寵愛し、またたたつ修理という侍は青屋の娘を己が子の嫁に迎え、山井図書は青屋を侍にまで取り立て（青屋に肩衣着せるとは、意味不明瞭なれども、しばらくかく解しておく）、堅久寺という真言寺でも、一旦これを檀家に取った程であった事が知られるのである。

3　青屋の特に賤まれた理由

浮浪民たる傀儡子の亜流や、雑戸の末を承けた一部の職人等が、古来賤しい筋目のものとして擯斥された実例は幾らもある。「慶長見聞書」に所謂、音楽のやから・青屋・墨焼・筆結等が、エタの下に見られていた事も由来久しいものであった。しかるにその中について、所謂弾左衛門の下なる二十八座の他のものが、世間からその割合に嫌われないのにかかわらず、ひとり青屋のみが特別に忌がられ、地方によってはエタの仲間にまで入れられるに至ったのは、いかなる故であったであろうか。「慶長見聞集」(「慶長見聞書」とは別本)には、「雲蔵乞食の事」と題して、

見しは今、雲蔵といふ若き者江戸町にありけるが、神田町の真行寺といふ寺へ行、住持に逢て云けるは、某《それがし》親紺搔にて、身上形《かた》の如く送りしが、三年已前に死わかれ、家跡職請取紺屋を仕り候が、賤しき職にて手に糊つき、染物に身をよごし、冬は水づかひに手足冷え、彼是いやなる業にて、心に染まず、云云。

とあって、紺屋自身の小言を書いてある。こう云ってみればなるほど青屋は賤しい職の様であるが、さりとてそれは青屋ばかりの事ではない。これに対して真行寺住持の説諭に、

紺掻は賤しき職にあらず、目出度子細あり。紺掻の起りを語りて聞かせん。是は奥州信夫《しのぶ》といふ所より始まる。彼の信夫といふ所に、一人の侍あり。都へ上り、大宅《おおやけ》の事に仕ふまつるに依て、暇を得ず、年月を送る程に、古郷へ下る事かき絶えたり。彼の妻の女遠き都の住居を思ひやり、男を恋ひて日めもすと泣暮らし、夜もすがら泣明かす。其涙次第にこぼれて、紅《くれない》に成りてこぼれける。白き袷小袖にかゝりて、染色になる。又へいしゆの如し。是を其の国の人見移し、賢き者ありて摺《すり》といふ事になし、人多く着てんけり。次第に摺る程に、信夫もじずりと云て都へ上る。是を御門へさゝげ奉る。「みちのくの信夫文字摺誰故に、乱れそめにし我ならなくに」と詠める歌是なり。其の後世の人賢こくなり、摺といふよりたよりて、紺といふ事になし、又紋といふ物をほり出したり。前は藍ばかりにて着る物染めしが、後は染殿といふて、紅なんどにて染るなり。（中略）。総じて衣裳に紋を出す事、紺掻・綾織めでたきものなり。

とある。この説もとより付会にして取るには足らぬが、紺屋そのものを格別に賤しいものだと思うていなかった事は、この説明によっても察せられよう。「庭訓往来」にも、「可₂招居₁輩者云云、紺掻・染殿」などと並べて、格別これを賤み疎外した風には見えぬのである。

紺掻の職は古い。既に「源平盛衰記」に、紺掻紺五郎というものが、源義朝在世の時に折々推参して、深く憑《たの》み申したれば、義朝もこれを不便がりて、いろいろ面倒を見てやったとの事がある。されば紺五郎その情《なさけ》を忘れずして、平治の乱に義朝の首を獄門にかけた時、その首を申し受けて、墓を築いて埋めたともある。当時にあっては紺掻職の者が、左馬頭源義朝ともある程のものに近づくに、あえて不審はなかったのであった。

本来この紺掻はやはり雑戸の一つで、大宝令には織部司の染戸というのがその類である。それで「令集解」には古記を引いて、

緋染七十戸。役日無レ限、染レ絁無レ定。為二品部一取レ調免二徭役一。
藍染三十三戸。倭国《やまと》二十九戸。近江国四戸。二戸出二女三人役一、余戸毎レ丁令レ採レ薪。
為二品部一免二調役一。

と説明してある。品部というも広く云えば雑戸で、他の諸職人と高下はない。ことにこれには緋染・藍染相並んで記されて、徳川時代に紅染屋は嫌わず、藍染屋をのみしきりに忌がったという様な趣きは少しも見えぬ。

しかるに緋染屋等の他の染戸が賤まれずして、ひとり紺屋のみが賤まれるに至ったのは何故であろうか。けだしこれ全く仏教の影響で、エタが職業上の誤解から特に疎外せられるに至ったのと同様に、やはり職業上の誤解からこの運命に陥ったものであったらしい。俗説には、昔の青屋は藍を染め付けるに人骨の灰を使ったから、それで人が忌が

ったのだということもあるけれども、事実そんな事があったとも思われぬ。自分の狭い知識では、少くもそんな説を書いたものの存在を知らない。しかるに「和訓栞」には、

藍屋を賤むは大方等陀羅尼経に、「不レ得二藍染屋往来一」といふ制あるによれりと云へり、青を染むるには多く虫を殺すと云ふ事、薩婆多論に見えたり。

と説明している。果して経・論にそんな事があるか、否かを自分は知らぬが、右の説は元禄二年出板の寂照和尚の「谷響集」によったもので、同書にはさらに詳しくその義が見えている。

客謂、本邦俗賤二藍染家一嫌レ之、不二交通一如二旃陀羅一。又有レ人曰、仏教嫌レ之、制二相往来一。未レ審有レ説耶。答。如二大方等陀羅尼経一、行二陀羅尼懺悔一行者、説二種々五事一。中有下不レ得二藍染家往来一之制上。恰好相似矣。又問、是為レ賤二彼種姓有陀因縁一耶。答。按二法苑一、薩婆多論曰、五戒優婆塞不レ得レ作二五大色染一。多殺レ虫故。如二秦地染青一、亦多殺レ虫、入二五大色数一。由レ此思レ之、但嫌二殺生一耳。然既云二其家一。為二家業一者亦非レ同二屠児家一乎。

しかしながら大方等陀羅尼経とか、薩婆多論とかいうものが果して信ずべきもので、

果して多く藍染屋が虫を殺した事実があったとしても、それは印度《インド》の事で、日本の藍染屋の関するところではあるまい。しかるに仏教徒のこの説が本となって、我が藍染屋が特別に嫌われる事となったのであったとしたならば、これ誠に滑稽千万でもあり、また気の毒千万でもあると言わねばならぬ。

4　京都に於ける旧時の青屋の待遇

その原因はともあれ、かくもあれ、上方地方並びにその勢力の多く及んだ地方では、彼らが確かにエタと同視せられたのは事実であった。阿波に於いては前引の如く、細川・三好の時代から、青屋に対して甚だしく侮蔑を加えた事実が見えている。しかしながらこの国では、蜂須賀家が入国以来、藍作を盛んに奨励したが為か、徳川時代には紺屋をひどく賤しんだという事実はない。しかるに京都では、余程後世までエタから仲間にせられて、所謂運上を取られていた事実がある。しかしながら、それは貴族的仏教の特に盛んな上方地方だけの事であって、関東にはその誤解が及ばなかったのである。碓井小三郎君の話によるに、京都の青屋はエタから仲間にせられたので、特に江戸屋と称し、自分らは江戸から来たので、京都の青屋とは筋が違うという理由の下に、穢多の圧迫を免れたものが多かったそうである。

京都では少くも徳川時代の中頃以前までは、青屋が全くエタと同一に扱われておった。ただ違うところは、エタは各部落をなして纏まっておったのに対して、青屋は町家に散在しておっただけである。彼らは下村勝助（文六とも）の統率の下に、エタに交って二条城の掃除人足を勤めていた。下村文六の帳面によって、宝永七年に、天部・六条等の年寄から方内《ほうない》五十嵐へ提出した調査書によるに、二条城掃除人足一ケ年三千七百二十四人を出した中に、エタ村京都付近十八ケ村、そのほか山城八ケ村、摂州十三ケ村、江州十三ケ村を合せて、二千七百二十四人の人夫を出したのに対して、洛中洛外の青屋二百三十二軒からは、実に一千人という多数の夫役を負担していたのであった。彼らは実に普通のエタに数倍した、重課を負わされていたのである。しかるに宝永五年下村文六の死とともに、彼らは二条城掃除の役を免ぜられて、その代りに、さらに人の嫌がる牢屋外番・処刑者看視等の役を課せられた。「雍州府志」に書いてあるのはこの際の事である。「京都御役所向大概覚書」に、享保二年改定の「穢多青屋勤方の事」というのがある。

一、粟田口鋸挽御仕置　但生さらし昼夜三日番、三日目に磔、昼夜七日番相勤。
一、同所火罪御仕置　但昼夜七日番相勤。
一、磔御仕置　但昼夜五日番相勤。
一、獄門御仕置　但昼夜三日番相勤。
一、西大手斬罪御仕置もの有之節罷出候。
一、東西御仕置之場所掃除相勤。
一、二条御城之堀え身を投相果候者有之時、奉行所より指図申付、千本通三条の辻にて三日さらし番申付、居住相知れ不レ申候得者、取片付させ申候。
一、牢屋敷内外之掃除相勤。
一、牢死之者有レ之候得者、取片付させ候。
一、京都出火之節牢屋敷え人足召連れ相詰候様に、延宝元年巳十一月より被二申付一候。
一、斬罪役の義は何時頃より相勤候哉年数不二相知一候。
斬罪並牢屋外番・洛中・洛外廻り役義相勤候村左に記レ之。

城州愛宕郡天部村（年寄五人、名略）
同国同　郡六条村（年寄三人、名略）
同国同　郡川崎村（年寄一人、名略）
同　所蓮台野村（年寄一人、名略）
同　所北小路村（年寄一人、名略）
同　所九条村

但此九条村は六条村之組内にて、諸事役義相勤候得共、村致二断絶一、只今は天部村之内、年寄与惣右衛門と申もの、九条村の役義相勤申候。断絶候年数不二相知一候。
右五箇村之義、穢多頭下村文六死去以後、城州・江州皮田、並青屋共相勤候役義、五箇村として申付候。
一、洛中洛外青屋共之義、粟田口並西大手斬罪之節、五箇村より連参、番等も相勤めさせ申候。先年青屋共直に罷出相勤候処、寛永年中より、夫代《ぶたい》に極《きめ》、壱箇年家一軒に付銀六匁宛請取、右五箇村より人足出し相勤申候。斬罪御用人足数、多少有之候得共、右之通年々請取申候。

一、右青屋共牢屋敷外番も相勤申候。是亦壱箇年に家一軒に付銀六匁宛、右五箇村え請取、五箇村より人足出し相勤めさせ申候。青屋共より指図候人足、凡壱箇年に九百八人程有之候。二条御城掃除相勤候時分も、右之通之夫代銀請取、人足五箇村より出し申候。

一、享保二酉年、洛中・洛外青屋数弐百弐拾七軒、尤年々家数増減有レ之、人足も多少有レ之候。人数不足之分は、五箇村より出し申候。此外青屋共役義無レ之候。

（中略）

近在拾三箇村牢屋敷外番相勤候村々左に記レ之。（村名並に人数等略レ之）

江州拾三箇村牢屋敷外番相勤候村々左に記レ之。（村名並に人数等略レ之）

一、人足九百八人程　京都青屋共之分、年々不同。右牢屋敷外番昼四人夜六人

人足合三千六百人

内弐千三百三拾八人　京都青屋共、近在十三箇村、江州十三箇村より相勤候。

千弐百六拾弐人　斬罪役五箇村之者共相勤候。閏月有之年は外に人足三百人、五箇村より人足出し候。

一、牢屋敷外番之儀、先年穢多頭下村文六二条御城内掃除、斬罪役五箇村、近在十三

箇村、江州十三箇村、並青屋共相勤候。文六死去以後、御城内之掃除右村々不㆓相勤㆒。此替りとして牢屋敷外番被㆓申付㆒候。（下略）

青屋は実に右の如く、エタ年寄指図の下に、エタと同一の役儀を勤めさせられたのであった。もっとも享保の頃には、夫《ぶ》代銀《たいぎん》を出して自身出頭する様な事はなくなっておったけれども、当初は彼らも実際これを行うべく余儀なくされたのであった。これは斬罪役五箇村エタ年寄より、前の二条城掃除の際の振合いを以て、青屋にも負担せしむべく、町奉行所へ出願した結果であった。「六条村年寄留書」に、

宝永六年丑八月、御牢屋敷外番役五箇村として昼夜人足拾人づゝ、寅三月まで相勤罷在候。然処先年下村文六二条御城内御そうじ歩人足遣り来り候村々、並に京都青屋共、右の所々に外番人足相勤めさせ度候由、此度五箇村年寄中より御公儀へ御願申上候。其後御吟味の上、右牢の外番人足、順々に割付為㆓出㆑之㆒様に被㆑為㆓仰付㆒被㆑下候事。

とある。

これについてはいやいやながらでも、すなおにその命に応じたものが無論多かったが、中には種々の口実を設けて、これを拒むものも少くなかった。その都度エタ年寄から町奉行へ訴えて、結局彼らはそれを強制せられた。

青屋が牢の外番を拒絶した事について、面白い文書がある。

乍レ恐奉二指上一口上書

一、牢御屋敷外番の義、村々の者共青屋共に被レ為二仰付一、被レ為被レ下、難レ有奉レ存。則青屋共へ、五月十七日より申渡候へば、則御上意之御趣意奉レ畏、順々に相勤申候。然る処に御上意相背、御番人足出し不レ申者御座候に付、乍レ恐書付を以奉二申上一候。

一、大宮通西寺内壱丁目上半町、炭屋市郎兵衛借家青屋治兵衛、同かぢ屋町五条上ル町いづゝや五郎右衛門借家青屋平右衛門、同本誓願寺通千本東入町米屋与三次、右三人之者共牢御屋敷外番之義相勤申候義成り不レ申候。則此者共こん屋を致し候故、青屋役仕候義無之由と申、我儘申候。

此外京都町中に、青屋・紺屋と申候て、両職仕候者数多御座候。出所何人に不レ寄、青屋・紺屋被レ致候方々には、古来より青屋役相勤め来り申候。然処に彼者共青屋商売乍レ仕、御番人足何角と申出し不レ申候に付、乍レ恐書付を以、奉二願上一候。右三人の者共被レ為二召出一、御番人足無二相違一出し候様に被レ為二仰付一被レ下候はゞ、難レ有忝奉レ存候、已上。

宝永七年寅六月

右は天部・六条・川崎三年寄の連署にて町奉行へ訴えたので、結局右かせ染屋三人は、御吟味の上、「藍染商売仕候へば青屋役可レ仕」との判決となった。中には禁中御用を勤めているからと抗議したものもあったが、それも無効であったらしい。

5　青屋大工、青屋筋

ひとしく青屋と言われる中にも、青屋大工或いは牢屋大工と言われるものがあった。彼らは罪人処刑の際に、その用材の調進を負担するものであった。寛文七年四月青屋大工頭六左衛門が、町奉行雨森対馬守に願って、御拝借金拾両を得たという事がある。この六左衛門は、元禄十四年にも再び嘆願書を出している。この時の留書には、青屋大工市兵衛事六左衛門とあって、公儀に対しては代々六左衛門というのが通り名であったらしい。

乍レ恐御訴訟奉レ願口上之覚

訴訟人御牢屋大工頭六左衛門

一、乍レ恐御救御訴訟願上げ候。私相勤申役儀は、御公儀様御牢屋大工にて御座候。御牢屋為二御普請一抱置申組下大工廿人之余御座候。其上断罪（断罪の訛りなり。官署の文言常に斬罪とあり。所謂穢多訛りにしてサ行音をタ行音に誤り、遂に文字をも誤れるなり。別項「特殊部落の言語」を見よ）御役御座候時、獄門・磔大工番匠役相勤申候故、在家平場之細工一円不レ仕候て、極り御座候所之細工計仕、御役相勤来り候得共、永々之困窮故、細工一円無二御座一候。渇命に及、今日をも暮兼、浅間敷風情に御座候。哀《あわれ》御慈悲に御救銀御拝借仕、命をつなぎ、御役義相勤申度奉レ存候。か様の御救銀、先例、御公儀様御訴訟仕、寛文七年未四月中旬の頃、金子拾両、御拝借仕候。哀御慈悲、被レ為二聞召上一、御拝借銀御救被レ為レ下候はゞ、難レ有忝奉レ存候。已上。
元禄十四年巳十二月　　訴訟人　大工六左衛門
御奉行様

この哀れっぽい嘆願書に対して、この度は許可がなかった。

彼が実際つとめた大工役としては、元禄十一年に高瀬川筋松原上ル西木屋町松葉屋清五郎家来長蔵なる者が、主人の伜を殺して、また高倉松原上ル町駕籠舁市兵衛なる者が何らかの罪によって、同じ日に粟田口で鋸挽の刑に処せられた時、青屋大工市兵衛なる六左衛門は、竹鋸二本を作って指出した記録がある。また享保六年の留書に、

七月御方内《ほうない》（雑式）方より御尋被レ遊候粟田口磔・獄門・火罪・鋸引、但竹鋸寸法。

右御用の木道具すべて寸法何程有レ之候や、則六左衛門へ様子相尋、書付渡し候て、近日之内に松尾左兵衛様へ持参可レ申様に御申付。
一、磔木　柱凡五寸五分四方、同貫《ぬき》四寸に八分。但弐間物二ツ切、長サ一丈三尺五寸。
下に十文字ぬき切懸けに打申。
一、獄門木　柱栗の木末口三寸五分。長サ一間半。下に十文字貫《ぬき》打。

一、火罪　柱壱丈物六寸四方。上より下へ壱尺の間切かけ仕、先きを筆なりに仕候。輪を入、とめにかすがい四本打申候。

一、獄門板　幅壱尺八寸、檜木。

一、板札　壱人前けづり立五分、幅壱尺八分、長サ弐尺五分。但檜木拵上、ふしなし。

一、獄門櫛かねの長サ壱尺弐寸。

右の通六左衛門より書付致させ指上申候。

などともある。京都に於ける度々の処刑の際には、いつもこの青屋大工六左衛門の手で、用具を新調したものであったらしい。

青屋と大工とは全く緑のなさそうな仕事であるにかかわらず、六左衛門が「在家平場の細工一円不レ仕」と云って、二十余人の組下を抱え、大工職にのみ従事していたことは、彼が青屋の名を有する事に対して、すこぶる奇態なる現象と言わねばならぬ、或いは事実藍染の家業をなさずとも、青屋筋であればやはり青屋として、所謂青屋役を課せられたのであったのかもしれぬ。

正徳五年に六条村が五条橋下中島の旧地、すなわちもとの六条村から、今の柳原七条郷の地に移転するについて、諸方より大工が多く入り込んだ。この時右大工頭六左衛門は、これらの大工に対し上前銀《うわまえ》を要求すべく、西町奉行にこれを訴え出た。これに対して六条村年寄より、奉行所へ差出した抗議書にはこんな事がある。

一、代々六左衛門役義と申は、粟田口礫・獄門の手かすがひ、櫛がね、村方の指図を請、打申役にて、則断罪（斬罪の誤）役之内より出申小役にて御座候。然ば青屋島原つるさしに遣し申候大工上前銀は六左衛門役義に付、古来より取来り候。然共断罪役（同上）五箇村は、右申上候通り往古より諸方之大工入込候へ共、上前銀出し申義一円無㆓御座㆒候。尤大工手間之節は、六左衛門組之大工やとひ申義御座候へ共、六左衛門内証にて上前銀取申義は、私共不㆑奉㆑存候御事、

一、先達て六左衛門申上候通り、断罪役（同上）五箇村之上前銀取申告の御薄墨、頂戴仕罷在候抔と申上候得共、前以申上奉候通り、村方より大工上前銀出し申義は無㆓御座㆒候。此度六条村替先に付、か様成無㆓存寄㆒新規之横道申掛け候。哀御慈悲之上、被㆑為㆓聞召上㆒、いか様共被㆑為㆓仰付㆒被㆑下候はゞ、難㆑有奉㆑存候。

この文面によると六左衛門は、青屋であって、しかも仲間内のものに対して大工職の独占権を有し、他より入り込む大工から上前を取るべく許可を得ていることを主張したものらしい。しかしエタの方からは、彼を以て自己指揮の下にいる小役だと解していたのは面白い。この時の奉行所の判決は、六条村が村替についてかなり不平を訴えていた際であったが為に、六左衛門の敗訴に帰した。

青屋筋のものは、大工職を独占して、上前を取る程の身分でいても、やはり青屋とし

てエタ仲間にされていたのである。青屋が本来エタでない事は、前に述べた通りで明らかであるが、それが多く虫を殺すという大方等陀羅尼経とかの文句の為に、特別に仏教徒から嫌われた結果、遂に上方に於いてエタ扱いにされる様になったのは、青屋にとって気の毒千万のことであった。「雍州府志」の説の如く、青屋元来エタの種類であるとの事は、到底事実としては認め難い。しかし誤解からにもせよ、その職に従事するものが一旦エタの仲間になってみれば、「出所何人によらず、青屋・紺屋致され候方々には、古来より青屋役相勤め来り申候」という様に、すべてこの有りがたからぬ法令の下に均《きん》霑《てん》してしまった。かくては社交上にも自ずからそれが影響して、縁組などの場合にも選択範囲が狭くなり、事実上エタと姻戚関係を生ずるものがあるのも、けだしやむをえなかったらしい。前記六左衛門の如きも、六条村年寄の訴状によるに、

六左衛門儀は私共下分者にて、跡目無二御座一候節は、村方へ断りを申、跡目立御用相勤申候。則三代已前坊主六左衛門と申者、伜無二御座一候故、養子の義村方へ願候に付、則六条村の手下に市兵衛と申者、右坊主六左衛門へ養子に遣し、六左衛門と改御用相勤申候。然る所に右市兵衛六左衛門病気に取合、養子之義村方へ願候に付、諸方聞立可レ然者養子に可レ致申渡候処に、六条村徳兵衛と申者之取持にて、丹州園部之内木崎村甚兵衛と申者を養子に仕、御用相勤申、則只今の六左衛門義にて御座候御事。

とある。後には青屋大工の数も殖えて、組下数百人を有し、田舎大工と縄張りの争いが起る。湯屋・風呂屋・青屋・遊女茶屋・芝居小屋、その他一切の不浄の建物に対する建築上の独占権を要求して、悶着を起した事もあった。しかしこれらの青屋も、もともとエタとは違ったものであり、ことにその職業が肉や皮に関係なく、染料も純粋の植物性のものを用いて、禁忌に触れるの誤解もなくなった結果として、いつとはなしに全くエタ仲間から脱してしまった。

6 結論

青屋がエタ仲間になったという事は、これ直ちにエタがエタとして特別に賤しまれるに至った道筋を適切に説明するものである。これは単にその職業が触穢の禁忌を犯すものだと盲信された事以外に、何らの理由を発見せぬ。そして青屋に対する誤解の念が薄らぐとともに、彼らの解放せらるるに至った事歴は、これ直ちに今の特殊部落民がかつてエタとして賤まれた理由の消滅とともに、当然解放せらるべき運命にあることを明示するものである。ただ一つこの際残っているところは、青屋が各地方に分散住居して、近隣の生活状態と同一の状態の下に生活し、あえて社会の進歩に後れなかった様に、特殊部落がよく改善の実を挙げ、社会の進歩に後れずしてその歩調を一つにするを要とする点にある。

7　付言二則

因みに云う。古く「紺屋の明後日《あさって》」という諺がある。「人倫重宝記」に、

紺屋の明後日と名に立ちて、詐《うそ》つく事の世話に引かるゝも、うたてな事なり。たしなみ給へ。

と云っている。これは営業の性質上天気都合で成功の日を確かに予定する事が出来ないにかかわらず、得意先をつなぐ必要から起った方便の虚言であろうが、彼らが擯斥された理由の一つはここにあるかもしれぬ。

また云う。「三好記」に、「太公様の時京中の青屋を狩り出し、三条河原にお置被レ成候事」とあるのは、エタ部落を河原へ移した事の誤聞らしい。青屋は営業上市中に散布する必要がある。また事実散布しておった。とかく「三好記」の著者は青屋に同情がなく、全然エタと同視していたので、この間違いをなしたらしい。秀吉の頃にこう青屋を嫌うた事実があったとは思えぬ。またエタに対してもそう彼らを忌がった事実はない。今も天部の部落には、信長や秀吉の朱印を伝えて、彼らがエタをいたわり、これを保護した事の証拠は明らかである。

＊

『切支丹と旧エタ』について（余白録）

本誌第一巻六号に「切支丹と旧穢多」と題して、榊原君の長崎からの通信を掲げたところが、東京中野局消印で「浦部きよし」という方から、「浦上村民は穢多ではない」との投書があった。投書家は昨年かの地に行き、親しく長崎在住の人から聞かれたところでは、「決して穢多ではない、彼らの生活や住居はすこぶる穢いが、穢多は穢多で別にある」との証言を得られた。これは同氏が特に調査の必要あって、念押しに尋ねられた結果だとの事である。なお同氏は「かくの如き重大問題は、容易に信ぜざるが、我らの態度とすべきところだ」と注意された。御注意まことに感謝するところである。自分はエタを以て特に穢れたものだとも、また賤しいものだとも思わぬから、ことに基督の教えを奉ずるこれらの人々が、世人の或る者らの間に存する訛伝を意に介せられもすまいとは思うが、目暗千人の世の中にあって、為に迷惑を感ぜられる事も少くはなかろうと、切に同情を表し、謹んで不注意の点を謝する。ただ彼らの或る者を以て、旧エタだとする説をなすもののあるのは事実らしく、京大教授坂口博士が先般かの地へ行かれた際に、或る人からはこれをエタだと教えられ、或る人からはしからずと聞かれたそうである。なおこの問題については、面白い観察もあろうと思われるから、他日の研究を期待したい。

特殊部落と寺院

部落民は一般に仏法に対して最も熱烈なる信仰を有している。彼らが寺院に参詣して仏を拝し法を聴くの状態を見るに、一心に浄土を欣求《ごんぐ》するの至情が躍如たるものがある。彼らには日常の生活に苦しむ身でも、御本山への志納金はあえて怠らない。旅費がなくなって空腹を忍びつつ、遠路を徒歩して、遂に行き倒れにまでなりかけた婆さんが、懐中なる阿弥陀様のお金には手をつけなかったという話もある。けだし彼らはもと屠殺を業とし、皮革を扱い、肉食に慣れていたがために、穢れたるものとして、仏者から嫌われ、ことに仏臭を帯びた神道者流から甚だしく忌まれた結果、自然と仏縁にも遠かったのを、幸いに真宗の布教によって救われて、始めて極楽往生の有難いことを覚ったのであった。ことに彼らは、社会の圧迫がますます彼らに加わり、社会の侮蔑がますます彼らに注がれるに及んで、痛切に現世の穢土なることを観じ、一心に浄土を冀《こいねが》うのほかまた何らの光明をも認め難きの状態となったが為に、これをその光明界に導き給う仏に帰依するの殊《こと》に篤きに至ったのは、まことに無理ならぬ次第である。

彼らを絶望の暗黒界から救ったのは実際真宗であった。それ迄は彼らの多数は、殆ど仏教から縁なき衆生として度外視されていたのであろう。切支丹の禁制がやかましくなって、いやしくも日本国土に生活するもの、必ず何らかの仏教寺院の檀那でなければならなくなった後から思うと、また非人と言われたものの中に、僧形をなしたものの少からなんだ事実から考えると、古くからこの社会にも仏教は弘通していたかの如く想像されやすいけれども、実際祖先以来の風習をそのまま保存して、山の幸《さち》海の幸《さち》に生活し、殺生を悪事とせず、肉食を汚穢としなかった屠者とか、猟師とか、漁夫——漁夫もまた見様によっては屠者の族で、漁家の出たる日蓮上人は、自ら旃多羅《せんたら》の子だと言っておれる。——とかの仲間の多数が概して仏教に縁が遠かったと想像されるのは不思議でなかろう。ことに室町時代僧侶の眼に映した屠者の如きは、「臥雲日件録」に、「蓋人中最下之種」とまで絶叫された程であったから、僧侶が自らこれに手を着けて、仏縁を結ばしめようとする様な篤志のものは少かったものとみえる。否むしろこれらの徒に近づくのを以て、仏の戒律に背いたものだとまで解していた様である。かの藍染屋の如きは、もとエタの徒と見做されていたのであるが、「谷響集」に、大方等陀羅尼経というのを引いて、藍染家に往来するをえざるの制があると述べている。「三好記」によると、細川氏が勝瑞《しょうずい》で阿波を領していた頃、篤志の寺院が青屋を檀家に持ったのに対して、仲間の寺院からボイコットを行った事実が見えている。

昔之勝瑞之町之時、堅久寺と中真言寺、青や太郎左衛門米を持申たるにより、だんなに被レ仕候時、持明院・菊蔵院・長善坊・光輪寺・妙楽寺・清長寺、みな真言寺にて候が、堅久寺とつきあひをとめられ候に付て、青やだんなをはづされて、持明院御つきあひ被レ成候事。

とある。

神道家の方でエタを嫌った事はことに甚だしかった。「神道柱立」(広文庫引)に、

屠児は神国に住むといへども、神孫にあらず。故に神祭る事ならず、厠などへ行きても手水せず、親族の忌服をうけず、又不浄を見て唾吐く事を知らず。

と云い、また、

寛政九年京都は人家へ交り居し穢多を御吟味ありて多く亡ぼしたり。誠に神国神孫の人として、かゝる風儀に成行くは嘆かはしき事ならずや。此等の事いよ〳〵流行せば、神国終には神明の守りを失ひ、外国の有ともならん。恐るべきの第一なり。

などある。今にして思えば滑稽千万の次第ではあるが、かつては神道家の或る者に、こんな極端な考えを以てエタを排斥したこともあったのである。

仏教者や神道家が、エタに近づくのをすら穢としたのは、もとより決して彼らの祖先の遺風ではない。しかし間違いながらにも彼らは、通例甚だしくエタを排斥するのが事実であった。

この際に当って、献身的に彼らの教導に従事したものは、肉食妻帯をすら忌まなかった一向宗、すなわち浄土真宗の僧徒である。しかしそれは既に宗祖親鸞上人の時から始まったと伝えられている。「大谷本願寺由緒通鑑」に、上人が京の建仁寺辺の沓作り、弦作りの非人を教化されたことがある。これは祇園の犬神人《つるめそ》で、後にはエタとは分派しているけれども、もと沓作りを職としたのを見れば、初めはやはり同じ仲間と解せられる。爾来これらの非人は参仕たえず教化をうけ、御葬送の時に御供をなし、その後も代々の法主の葬式には、必ず警固に出る例になったと伝えられている。

一体僧侶の肉食妻帯は、我が僧尼令の厳禁するところで、酒を飲み、肉を食い、五辛を服するものは三十日苦使せよ、僧寺に婦女を停むる一宿以上ならば十日苦使せよ、五日以上ならば三十日苦使せよ、十日以上ならば百日苦使せよとある。弘仁三年八月に、僧良勝が女と同車したという罪で、遠く多褹島《たねがしま》に流されたという実例もある。しかるにその禁がだんだん緩んで、いつしか黙許黙認の姿となったのも久しいが、しかもそれを公然大びらに行う様になった程の一向宗徒の雅量を以てして、始めてよくこの肉食の徒を済度することが出来たので、これは彼らにとってまことに幸福な事であった。されば現在特殊部落と認められたもの、神奈川ほか三県と東京府の一部とを除いた約十四万八千七百戸のうちで、約十二万三千百戸までがことごとく真宗の信徒であるのは、畢竟これが為である。その他には、自ら旃多羅だと呼号した日蓮上人開創の日蓮宗信徒が約四千六百戸で、これが宗派別の第二位におり、他の各宗派に属するものが約二万一千戸とある。

右の如き次第であるから、真宗にとっては特殊部落は重要なる大檀那である。或る部落民は余輩に向かって、全国部落から本山に上る金高は、毎年百万円ないし百五十万円にも達しているであろうと言ったが、果してしかりや否やは知らぬ。しかし実際彼らが生活の改良費を節してまでも、浄土の案内料を惜しまざるの熱心を有するのは事実である。したがって彼らは細民部落・密集部落と言われる迄にも、陋巷陋屋に不潔の生活を営んでいながら、大抵の部落には巍然たる仏堂を有している。京都の柳原部落の如きは、八個の寺院をさえ有しているそうである。もっとも中には部落外の寺院に檀徒たるものもないではない。例えば京都天部部落の旧年寄家松浦氏の一族が、浄土宗黒谷派城安寺を檀那寺と仰いでいるが如きそれであるが、これらは多く特別の縁故によるものである。

部落の寺院はもとエタ寺として、同じ真宗寺院中でも軽蔑されたものであった。エタ寺の住職は、縁組の場合でもしばしば仲間同士の間に取り結ぶべく余儀なくされていた。本山で或る特定の礼禄を納めたものに堂班の資格を与える場合にも、彼らは高い位置から除外された。エタ非人の称が廃せられて、もはやかかる区別をなすことが出来なくなった後までも、或る期間はこの区別が存していたそうである。その理由として、尊い法主の御身に近づくをうるの資格を、この穢れたものに与えるのは不可だというにあったとは、今から思えば噴飯に値する。しかしエタ寺をいかに区別すべきかという事は、為政者の方でもしばしば問題となったのであった。文政元年十二月、松平越後守お預り所の役人より、左の如き伺いが幕府へ出た。

一、穢多僧取扱方之儀伺

越後守お預所備中国阿賀郡村尾村一向宗穢多寺永宝寺と申もの有之、尤本寺は摂津富田本照寺にて、是迄素人僧に御座候由。勿論是迄穢多呼出し候節は、先支配振合を得、白洲え差出申候。然る処穢多僧の儀は、呼出之節は如何取扱候て宜候哉。此段奉伺候様、国元役人共申越候に付、奉伺候以上。

この頃になってかような問題が起ったものとみえる。これに対する指令は、

書面穢多僧呼出候節は、砂利え可レ被二差出一候。右は寺社奉行中え懸合之上申達候。以上。

とある。これより十七年前、享和二年四月の江戸浅草本願寺輪番東坊・長覚寺連署の東派浄土真宗一派階級之次第というものの中にも、

一、穢多寺と申もの有之、穢多寺の住持は於㆓本山㆒剃刀無㆑之候。右は別種して外交無㆑之候。又者於㆓本山㆒平僧寺・飛檐寺両寺にて、百姓町人の旦家と一同に、穢多を旦家に持候寺も有之候。此向者於㆓本山㆒平僧寺・飛檐寺と取扱に無㆓差別㆒剃刀被㆑免候。

とある。徳川太平の代、エタが特に賤まれる様になって、エタ寺またその不名誉に均《きん》霑《てん》するに至ったのは、まことに気の毒な次第である。個々のエタ寺について、自分は未だその起原沿革を調査するの暇を持たぬ。したがってここにこれを立証するの実例を有しないが、未だエタが仏教に帰依することを得なかった時代の事を考えると、当初彼らを教化せんが為に出かけた僧侶は、無論エタではなかったに相違ない。そして真宗の習慣として、彼らは妻帯して子孫住職を継承しているのであるから、少くも後世所謂エタ寺の僧の中には、当時まだ後世程にもエタが賤まれなかった時代なりとは云え、自ら進んでこの部落民済度の為に身を投じた篤志者の子孫が、少くない筈である。しかも彼らは時勢の変遷とともについにエタ仲間になってしまったのである。しからば彼らは言わば殉教者の類であって、他の寺院からはむしろ特別の尊敬を受くべき権利のあるものであるにかかわらず、ひとり世間からのみならず、自他平等を口にする宗内に於いてすら擯斥せられるに至ったのは、痛切に同情を感ずる次第である。

この名誉ある、尊敬すべき殉教者の子孫の受けた擯斥は、やがてエタの受けた擯斥の程度を説明すべき料ともなろう。エタ必ずしも一流ではなく、衆流の落ち合った陰鬱なる水溜りであることは、別に「エタ源流考」に於いて説明しておいた通りである。そしてこれら殉教者の徒も、法の為にこの水溜りへ落ちこんだというの理由から、ことごとくエタとして擯斥せられていたのであった。

自分は仏教の事をよく知らぬが、「妻子珍宝及王位、臨命終時不随者」と観ぜられて、太子の尊き位を遜《のが》れ給うた釈迦牟尼世尊には、宏壮なる殿堂に住み、金襴の法衣を纏うが如きはその本意でなかったに相違ない。樹下石上を家となし、一衣一笠、身を雲水に委して禅行を積むことは真の仏徒の行為と認められた。されば我が大宝令にも、僧尼乞食の規定があり、「霊異記」には真の修行者が加賀で浮浪の長からその配下たる事を強いられた談もある。また真言宗の開祖弘法大師は、「三教指帰」に自ら仮名乞児と名告《なの》られ、栂尾の高僧明恵上人は、「摧邪輪」に自ら非人高弁と署名せられているのである、この乞児・非人と、エタの起原と言われたキヨメ・河原者の徒と、その外形に於いて相距ること幾許《いくばく》ぞ。昔は北山に籠って餌取の取り残した死牛馬の肉を喰った餌取法師も、修行の功を積んでは仏果を得たと認められたのである。しかるにその仏徒が次第に貴族的になっては、エタを賤しとしてこれを近づけなくなる。貴族宗に反して平民主義の旗幟を天下に翻えし、これらの賤者を摂取して捨てなかった真宗の人々までが、後には殉教者の子孫を賤んでこれを疎外するに至るとは、世態の変遷是非もない事と言わねばならぬ。そしてエタのエタとして賤まれるに至ったのも、また実にかくの如き世態変遷の結果に外ならぬのである。

*

沙門と屠児（余白録）

三善清行の「意見封事」に、延喜頃の人民が課役を避けんが為に出家して、天下の民三分の二は皆禿首という状態となり、しかも彼らは貌も沙門の如く、心は屠児に似たりとある。「延喜式」にも濫僧・屠者と並べている。仏徒の仮面を被った賤者は甚だ多く、真の修行者と所謂濫僧との関係は、少くも外形上間髪を容れぬものであった。委細は他日発表してみたい。

特殊部落の言語

特殊部落の人達の口にする言語は、その付近の普通部落の言語と幾らか違ったところがある。そしてやや遠く離れた所であっても、他の同じ仲間の言語とは似ている場合が多い。例えばサ行の音もしばしばタ行に誤ったり、ダ行の音をしばしばラ行に誤ったりすることは、よく耳に立つところである。浪人をドウニンと云ったり、雑誌をダッシと云ったりなどする。六条村年寄の留書を見ると、辻子《づじ》の事をよく「るし」と仮名書きしてある。斬罪役とあったのを後には断罪役と書き誤っているのさえある。先年朝日座の喜劇で女郎に溺れた番頭が艶書を朗読しつつ、「一度来てくらされ」の句に至って、「丸で穢多の様だ」と、満場の哄笑を買ったのはよいが、為に部落民の看客中から、抗議を持ちこまれたという話もある。そこで部落付近の人々は、よくその言葉によって部落民か否かを識別し、本来こんなに言葉が違うというのは何か種類が違う為であろうなどと、極めて手軽に判断してしまう事がある。よしやそうまででなくても、特殊部落の言語の違う事は何人も注意しやすいところで、「公道」や「明治の光」など、多くその部落の事を書いた雑誌を見ると、しばしば部落民の方言・訛音というものを拾い出して、普通部落の言語と比較したのが掲載されているのである。

なるほど特殊部落の言語が、付近の普通部落の言語と違うことのあるのは事実である。そしてそれをなるべく普通部落のと同じものに改めて行きたいという希望を自分は持っている。しかし特殊部落民の口にするところが、果してことごとく所謂方言訛音なるもののみであろうか。普通部落民の使っている言葉の方が、果してことごとく正しいものであろうか。それは一つ一つについて研究してみねば、軽々しく判断する訳には参らぬ。ただそれが間違いであろうが、無かろうが、多数について行くのが便宜だという点から、普通語に変えて行きたいと思うのである。

さきに「日本民族と言語」（一巻一号）を説いた時にも述べた通り、言語は決して一定不変のものではない。もし自然のままにまかして、何ら匡正をこれに加えなかったならば、舌のよく廻らぬ子供の方言葉《かたことば》がそのままに大人の言葉になるべき訳である。それを側に付いている大人が匡正したり、また子供の成長とともに自然に他人の言葉を聞き習ったりして、いつとはなしに方言《かたこと》の多い子供言葉は消滅して、その地方の普通語になってしまうのである。子供は舌の働きが自由でないから、とかく言いにくい音を言いやすい音にかえたがる。「美《うつく》しい」を「うつくちい」、「お父様《とうさま》」を「おとうちゃま」などと云う。子を可愛がる親や子守は、ことさらにその口真似をして、その子供をあやしている。もしこれをそのままに放任しておいたならば、遂にはサ行音もいつしかチャ行音になってしまうべき筈であるが、それが成らぬのは子供の成長とともに自然に匡正される結果にほかならぬ。しかしながらその子供の方言《かたこと》の全部が、先人の言葉の通りに匡正されるものではない。知らず知らずの間に少しずつの変化が起って行くのは免れぬ。そしてその変化は、交通の範囲が狭いだけそれだけ多かるべき訳である。ラ行とダ行とを取り違えるが如きことは、九州地方では一向に珍らしくはない。鉄道をテッロー、蠟燭をドーソクという。上方《かみがた》でも、疲労した時にオーシンドというのは、オー辛労である。かくの如き類はむしろ自然の変化かもしれぬ。しかし交通が頻繁であれば、訛音も自然に訂正されて、その交通範囲内では同じ言葉が行われる。その代りに範囲が違えばそれぞれに違った方面に言葉は変化して行く。各地方地方で方言とか訛音とか云って、互いに違った言葉が行われているのは、その原因の多くはここにある。その範囲が狭ければ狭いほど、年代に伴う言葉の変化が多い。琉球に於いて三四百年前の歌謡が、殆ど今日の人に了解されぬというのは、主な原因がここにあると思う。内地の言葉も三四百年来の変化は夥しいが、それが琉球ほどに甚だしくないのは、交通の範囲が広いというのが、確かに一原因をなしているのである。

また江戸の様に諸国人の多く入り込む所には、自然と一種の合の子言葉が出来る。自然淘汰優勝劣敗の原則がここにも行われて、適者優者が生存して、ここに江戸言葉というものが出来た。しかし一と口に江戸というううちにも、屋敷方には屋敷言葉、職人仲間には職人言葉、相撲取りには相撲取り言葉、吉原には吉原言葉という風に、余程様子の違った言葉が発達する。今日の如く交通が発達して、ことに普通教育で標準語を教えている世の中にあっても、交際を異にすることによって、同一地方に住んでおりながら、町家の言葉と書生言葉と違っているという様な現象は免れない。

方言訛音の起る原因については、実は右の如き簡単な理由でのみ説明しうべきものではないが、右述べたところは確かにその主なる原因の一つであることは疑いない。すなわち平素交際する社会が違えば、自然と言葉は違って来べきものなのである。

この見地から考えたならば、特殊部落に一種の言葉が行われているという理由は、容易に解釈しえられるのである。彼らは多年の間殆ど普通部落との間に交際がなかった。従って言葉がお互いに違った方向に変化して行ったに不思議はない。そしてやや離れている地方でも、その同じ仲間同志には交通が比較的多かったから、自然似た言葉が行われるというのは当然の結果である。その言葉の中には、或いは普通部落の言葉よりも、かえって多くの古語を伝えているのも少くはなかろう。言葉が違っているが故に、本来種族が違うなどいう事は、一顧に値せぬ空想に過ぎない。よしや本来種族を異にしたものがあって、固有の言葉が一部分方言として保存されているのがあるとしても、大体に於いて言語が交通によって変って行く事を了解したならば、問題は容易に解決さるべきものであらねばならぬ。

特殊部落と細民部落・密集部落

従来普通に特殊部落と云っておった我が同胞中の或る部族のことを、近ごろ内務省あたりでは、細民部落といっている。細民とは貧乏人の事である。なるほど特殊部落には貧乏人が比較的多いから、その多数についてこれを細民部落というのも、あながち理由のないことではないが、その実この部落にも細民でないのが少くなく、所謂特殊部落以外にも真に細民部落と呼ぶべきものが多いのであるから、この侮辱した様な名称が妥当でない事は言うまでもない事である。近ごろさらにこれを密集部落というものもある。なるほど彼らの多数は陋屋密集の状態にいるから、これを密集部落というのもまた理由のない事ではないが、その実地方によっては密集しておらぬのも少くなく、特殊部落以外にも事実上真に密集部落と呼ぶべきものも多いのであるから、この名称もまた妥当とは言いにくい。

最近の新聞を見ると、しばしば普通の貧民窟の事を、細民部落とも密集部落とも書いた場合がある。これ実に真を得たもので、自分はこの語がかくの如くに、所謂特殊部落以外のものにも用いられ、その代りに所謂特殊部落に於いても、もはや改善救済を要せぬ様なものは、この包括したる名称から除外する様になるのを希望するものである。しかしながら、かくなったでは、所謂特殊民の意味はなくなってしまい、何らかの必要上、特殊民を区別して表わそうとする場合の目的は、それでは副《そ》わぬものであることを承知せねばならぬ。

部落の名称については、自分は別にこれを論じておいた。したがってここにはこれらの名称の是非を論じようとするのではない。所謂特殊部落が、何が故に細民部落と言わるるまでに細民の多い部落であり、何が故に密集部落と言わるるまでに、住居の密集した部落であるかということを、歴史上から観察してみたいのである。

古代にあっては下級民に余れる資産なく、多数は所謂その日暮らしであって、一旦飢饉でもあると、餓莩《がひよう》たちまち路に横たわるというのが普通であった。徳川時代に於いても、百姓は活かさず殺さず、その中間を泳がして行くというのが、幕府施政の方針であった。したがって下民は一般に貧乏であった。今でも文明の風の多く吹き渡らず、生活の向上に憧憬《あこが》れる事を知らぬ桃源場裏の村落へ行ってみると、一・二室しかない粗末なる家に荒薦を敷いて一家族が団欒し、所謂父はててらに婦《め》はふたのした気軽な暮らしに、酔生夢死しているものが少くない。この状態が一般に行われた際にあって、未だ人口も少かった特殊民の状態はどうであったであろうか。別項「エタに対する圧迫の沿革」の中に述べた如く、彼らは或る種の職業を独占し、或る種の特権を享有して、よしや彼らが向上心に欠如し、幾分社会から賤しめられていたとしても、その生活上の安全は、普通民に比してむしろ保障された方であった。したがって富豪というべき程のものも、少くなかった様である。天和・貞享年間の「雍州府志」には、京都天部《あまべ》部落の状態を記して、その家富める者多しと書いてあるが、これはひとり天部のみの事ではなかった。「風俗見聞録」に、「近江彦根の領分野良田村の穢多頭才次・才兵衛といえる二人あり、倶に三四十万両の身上なりと云ふ」と云い、また、「穢多非人の頭、小屋もの番太など唱る者共、三都其外国々在々に増長し、人数も莫大に多く成りて、平人よりも奢り慢りたる行勢なり」と云い、「江戸の穢多頭団左衛門といへるは、凡三千石高程の暮し方をなし、非人頭松右衛門・善七など云へるも、夫に准ずるなり。其以下次第段々ありて、何れも放逸に暮すなり。上方筋は別して穢多の増長せし事にて、大坂渡辺の穢多に、大鼓《たいこ》屋又兵衛といへるは、凡拾万両程の分限にて、和漢の珍器宝庫に充満し、奢侈大方ならず、美妾女も七八人ありと云。是に続きたる者段々ありて、豪福数十人あり。京都西本願寺折々大坂え勧化に下り候時、或は小判歩判を桝に盛りて幾桝も並べ、又は小玉銀を幾俵ともなく飾りて奉納するといふ。全体世の変りを離れたる者故、年々金銀を取込計にて、出す事迚《とて》は此本願寺えの奉納のみと云。」などともある。また「全国民事慣例類集」によると、遠州敷知郡地方のエタは「所持地多分ありて貢租を納め、中には富豪の家あり、平民へ金銭を貸付くるものもあるなり」とある。この遠州のはむしろ特例で、後までもその佳良なる生活状態を継続しえたものであるが、大体古代エタの人口も今の何分の一、十何分の一という様な場合に於いて、彼らが比較的余裕ある生計を営んでいた事は想像しやすいところである。彼らが社会生存上には必要欠くべからざるものとは云え、人の忌み嫌うところの牢番・斬罪・捕方・掃除、屍体の取片付け、死牛馬の皮剝ぎ、皮革の製造業等の賤職に従事して、それに甘んじておったのも、一つはこんな得分があったからである。

しかるに世の下るとともに、彼らの人口はますます増殖し、彼らに対する社会の軽侮圧迫は、ますます甚だしくなった。しかも土地の所有権が確定して、容易に新地を開くことも出来ずなっては、局限されたる地域外に、その居を択ぶの自由を有せざる彼らは、限りなく増殖する子弟を、この狭き部落内に於いて始末せねばならぬ。既に享保十八年に、京都六条村年寄から、近年手下の者ことのほか困窮の状を訴えて、お救い米を願った事実がある。かような次第で、従来余裕のあった彼らの部落も、漸次所謂密集部落の状態を呈するに至ったのである。彼らの増殖率の盛んな事は別項「特殊部落の人口増殖」中に述べた通りであって、もとは相当の田畑を部落内に有していたものも、今は尺寸の耕地を余さなくなっているのが常である。京都川崎村すなわち今の田中の部落の如き、正徳五年の調べに戸数僅かに四十七軒で、斬罪、牢番の公務、皮革・下足の独占事業以外、農業によってかなり豊かな生計を営んでいたそうであるが、今は数条の隘巷を挟んで矮小なる陋屋が密集し、明治四十年の調べに、二百七十五の戸数をここに収めているという有様になっているのである。今日ではさらに増加して三百に過ぎるということである。

人口漸次に増殖して所謂密集部落の状態をなし、しかも他に営業の自由を択ぶに困難なる彼らは、所謂独占業と少許の特権とのみを以てしては、生活の困難を来し、漸次細民の数を増加するに至るのは自然の趨勢であった。ことにその独占の職業についても、勢い仲間うちの競争から、利益を減殺する結果となる。もとは取捨料をまで添えてもらって引き取った斃牛馬を、後には金を出して買わねばならぬ事となった如きは、その著しい一例である。ことに明治維新後、エタ非人の称を廃せられ、平民籍に列して国民としてのすべての権利を公認された事は、彼らにとって無上の幸福であったに相違ないが、その実許されたる権利は名義のみで、実際上社会の圧迫は為に多く減退することなくして、かえって特権の全部と独占業の幾分とを奪わるるの結果となった。かくて密集は密集を重ね、細民は細民を生むの状態となって、遂に今日に及んでいるのである。そして現世に慰安少き結果としての彼らの自暴自棄は、一層この傾向を大ならしめたものである。「雍州府志」によって「富めるもの多し」と呼ばれた天部部落の如き、明治四十年に於いて当時の京都府事務官補大森吉五郎氏の調査によるに、維新前にはなお富有者が多く、衣食に窮するが如きものは殆どなかったが、維新の改変は武士階級の廃絶を来すとともに、また武具の要途を杜絶し、全部落の皮革製造はここに大頓挫を来したとみえている。ことに天部部落は、鉄道の開通とともに三条街道の往来が減じて、下駄鼻緒・表・台の製造販売業のものも職を失い、一層困窮に陥ったという事情もあるが、概して彼らの生活状態が、維新後一層困難に陥ったというは事実らしい。

なお部落成立の状態をみるに、古代にあっては往々出村・枝村を作り、また移転も比較的自由であって、正徳五年の京都付近の穢多部落には、戸数僅かに二戸というのが二箇所、そのほか七戸・八戸・十四戸・十七戸・廿戸などいうのが普通であった。地方でも多分その様な事であったと思われる。空地の多い、そしてまだ、あまり多く世間から嫌われなかった時分には、勝手に新村を作ることも出来たであろうし、官署の認可を得る事も容易であったのであろうし、ことに必要上彼らを優待して移植したという場合も少くなかった。地方の特殊部落の起原が、多く新しいのはこれが為である。しかるに後世それが出来なくなったのは、彼らにとって一大打撃であった。ことに近年は、地方に於いて職を得難い彼らの仲間の窮民が、多く三都の地に流れ込む。東京や大阪などでは、普通の細民の部落へうまく隠れてしまう場合が多い様であるが。京都では有力な部落の多く存することがかえって累をなして、彼らは縁をたどってやはりその仲間へ流れ込むものが普通であるが為に、部落の人口は急激なる増加を来した。かくの如くにして彼らはますます密集部落となり、ますます細民部落となるのである。

来《きた》り人《にん》の地位と職業　平民申付候事

山の幸《さち》、海の幸《さち》にのみ活きておった太古の状態から、次第に進んで世の中の秩序も整頓し、住人にも一定の株が出来ては、他国者や風来人がやって来て、住み着こうとしても容易な事ではない。中には京都の北の八瀬の様に、絶対に他村者をすら入れぬという頑固なところもある。よしやうまく住み着いて、職業上交際上、平素あまり区別のない程にまで融和が出来ても、なお縁組などの場合には、「筋」が違うからという故障がいつまでも起って来る。今日の様に通信交通が便利で、その素性も、移って来た理由も容易に明らかにされる時代とは事が違って、どこの馬の骨やら、人殺しをして逃げて来たのやら、本人の口上以外にサッパリその潔白を証拠立てる事の出来ない世の中には、玉石混淆してまずこれに深入りしなくなるのに無理はない。そこで彼らは、長く「来《きた》り人《にん》」として区別せられる。特別の学問技芸を有して、手習師匠や、医者の真似事でも出来る様なものは格別、何ら取り得のないものでは、やっと村民の同情に訴えて、村外れの空地などに家を建てさせてもらって、もしくは家を建ててもらって、村人の為に使《つか》い歩《ある》きや物の取片付けや、火の番や、腕《うで》っ節《ぷし》の強いものならば泥棒に対する警固やなどの如き、村人のいやがる職務を引受けて、生活の資を求めて行くに至るのは、けだしやむをえなかったことであろう。かの「行き筋《ある》」とか、「掃除筋」とか、「番太筋」とかいう筋のものの中には、かくの如くにして起ったのが少くなかろうと解せられる。かくてその中でも運の悪かったものは、非人扱いにされるに至ったのであろう。
同じ「来り人」の中にも、手に或る職業を有していたものは、そんなに人の嫌がる仕事をせずとも、その職によって立派に生活して行けるから、あえて賤民非人の扱いを受ける様な事はなかったであろうが、それでもなお「筋」が違うという事で、ながく区別せられていたのは、これもやむをえなかったことであろうと思う。阿波那賀郡立善寺村の棟付帳に、「桶屋筋」として区別したのがあるのも、こんな事からかもしれない。鍛冶屋を忌《いや》がったり、竹細工人を嫌うたりする地方のあるのも、一つはこんな事から来ているのかもしれぬ。中にも竹細工は、到る所に材料が得やすく、仕事も比較的簡単なので、通例は山家《さんか》などの浮浪民の職業となっているが、これらの浮浪民が或る村に住み着いたとすれば、所謂「来り人」となって、やはり村外れの小屋に落ち付くという事になるのであろう。
旧徳島藩での、「郷士格以下身居《みおり》調査書」というものに、
他国より年来罷越居候流浪人、吟味の上村方故障無之分は、居懸百姓《いかかりひやくしよう》又は見懸人《みかけにん》に相居《すえ》、医者又は賤しからざる渡世仕来候者は、郡付亦は郷付浪人等に申付候様、享和

二戌年御内達に有之。

とある。こんな有様で、相当の身分のものは相当の待遇をも受けたが、普通には役所向きでは見懸人ということに扱われ、民間では「筋」が違うとして疎外される。それも「流浪人」であってみれば、我慢しなければならなんだことであろう。エタの来り人で、祖父の代に来たのであるが、もと何処の者ともわからぬという様な者を、エタの棟付帳に新たに編入したとか、前の棟付帳に「見懸人穢多」とあったのを、後の帳には詮義の上、単に「穢多」と改めたとかいう類のものは、同じ「流浪人」でも、エタだという素性の知れていたものと見えるが、そうでなくても、運の悪いもので、エタや非人になり下ったのも少くはなかろう。しかし非人でもなく、エタでもなく、さりとて普通民でもなく、中途半端《ちゅうとはんぱ》のままで永く後に遺るというのは、彼らが通例の場合に於いて与えられた運命であった。かくて維新後にまで、その中途半端の身分を引き継がれた「来り人」等が、明治四年のエタ非人の称呼廃止の際に於いて、その所属に迷うたという滑稽な事件が阿波にあった。

乍恐奉願上覚

私義先代より当村へ来人に相成居申内、土地風稼方相覚、仮成《かなり》に渡世相送り候に付、見《み》懸人《かけにん》に被二仰付一、年々に両度見懸銀少々宛上納奉レ仕居申所、此度戸籍偏《(マヽ)》製御取調に付、何卒百姓《ひやくしよう》居《い》に被㆓仰付㆒被㆑為㆑下候得者、重畳難㆑有仕合に奉㆑存候。仍て右の段連判書付を以奉㆓願上㆒候、以上。

明治四年未三月

海部郡久保村見懸人　井上祖父八㊞

同　岡本常吉㊞

同　佐藤素平㊞

同　白浜平作㊞

同　那来直八㊞

岡本常吉小家　岡本常八㊞

民政掛御役所様

右之者共奉㆓願上㆒段、相違無㆓御座㆒候。村中故障之筋無㆓御座㆒候に付、何卒右願上通御聞届被㆓仰付㆒被㆑為㆑下候得ば、私共迄難㆑有仕合に奉㆑存候。仍て奥書仕奉㆓指上㆒候。

以上。

未三月

久保村五人組

喜多武三郎

高野宇平

民政掛御役所様

ここに「見懸人」とは、その村に居付きの人民ではなく、しかも現に住しているものに対して、見懸銀と称して課税した、その見懸銀納付者の称である。来り人も多年その地に住している時には、人別を調べて課税する。これは平安朝に浮浪人に賦課を命じた例のあると同じ様なものである。そしてこの見懸人たる、身分柄中途半端の来り人が、恐れながら重畳有り難き仕合せに存じ奉って願い上げ奉ったのに対して、民政掛の指令は、

平民中付候事

という六字であった。

因みに云う。自分の郷里の墓地続きに「来り人の墓」というのがある。自分の何代前かの先祖の時に、安芸国から来た来り人を世話して、近所へ住ませておいたところが、だんだん家族が死に絶えて、一人だけ残った娘は国へ帰り、墓だけ残ったのを自分の家で代々世話して来ているのである。その後一度その娘かが墓参りに来たが、遂にそれきりになって、今になお盆彼岸の香花を手向けている。

「特殊部落」と云う名称について

本編は上掲諸編の記事と重複するところことに多きを校正の際心付きしも、今さら改むる能わず。幸いに概論に対する下手なる詳説として、寛宥あらんことを乞う。（貞吉）

明治・大正の今日にも、特殊部落の名はなお保存せられている。もとは「特種部落」と書いたそうであるが、必ずしも種族を異にするという訳でもなく、いたずらに彼らの悪感を生ぜしむるのみであるというので、文字を「特殊」と改めたと聞いた。しかし「特種」でも、「特殊」でも、彼らの嫌がるのは同一だ。そこで内務省あたりではこれを「細民部落」と改めたとかの説があるが、実際上彼ら必ずしも細民のみでなく、また彼ら以外に真の細民部落も少からん事であるから、これも行われそうにない。本来何とかの名称を以て、彼らを区別せんとするのが間違いである。自分がしばしば所謂特殊部落民と懇意になって後に、第一に彼らから受ける注文は、願わくば特殊部落の名称を以て、世間と区別する事をやめてもらいたいとの事である。それが出来ねば、せめては何とか同情ある名称と取りかえてもらいたいというのである。まことにもっともな注文で、真実同情に堪えぬ。折角彼らが自ら反省して、改善を加えようとしても、ただ「特殊部落」という四字の為に裏切られて、失敗に終わる場合が多いのである。しかしながら、特殊部落の名を以て世間から区別せられる事をやめしめるには、まず以て区別するの必要なきに至らしめるを要とする。既に何らかの区別をなす必要がある以上、よしや「特殊部落」の名をかえて、これを貴族部落と改めても、「模範部落」と改めても、いやしくも区別すべき或るものの存する間は、到底彼らの希望に副う事は出来ぬ。その失敗の実例は近く朝鮮に存する。朝鮮にはもと才人《さいじん》・禾尺《かしやく》などと云って、一種の賤まれた人民があったが、世宗王の時彼らの区別を廃し、これを普通民と同じくする為に、これを「白丁《はくてい》」と呼ばしめた。「白丁」とはもと普通民の称呼である。ところが世人は、これを「新白丁《しんはくてい》」と呼んで、相変らず区別することを止めない。なお我が明治四年に於いて、エタ・非人の称を廃して平民とした場合に、世人はこれを新平民として、依然その区別を止めなかったと同様である。そこで政府は、さらに「新」の字を加える事を禁じた。ところが今度は、普通民の方が従来の「白丁」の称を捨てて、この特殊民のみを「白丁」と呼ぶことになった。今日では「白丁」と云えば、これ直ちに新白丁、すなわちもとの才人・禾尺等の名称となってしまっている。そしてその「白丁」は、相変らず賤しいものとして区別せられているのである。言語や名称は時代によって意味が違って来る。「お前《まえ》」という言葉は昔は至尊の御前《おんまえ》に称するもので、先方に対する最敬語であった。しかるに後世次第にそれが濫用せられて、今では普通に目下の人にのみ用うることになった。自分はかつて隠岐に旅行して、或る片田舎の小さい宿屋に両三日を送った事があった。この時宿屋の女主なり、女中なりが、しきりに余輩に対して、「お前」「お前」を連発する。甚だ異様に、かつ不愉快に感じたが、同行の前代議士某君、島司某君等が余輩の為に、隠岐ではそれが先方に対する最敬語である事を説明してくれて、始めてなるほどと了解した事があった。その「御前《おまえ》」を音読して「ゴゼン」と云えば、今でも貴族に対する最敬語になる。まことに滑稽千万な次第ではあるが、事実正に然《しか》りだから仕方がない。

「貴様《きさま》」という語も無論先方に対する最敬語である。しかし今はそれが侮蔑の義に用いられて、気の早い連中の口論の場合に、「貴様」の一言が導火となって、「貴様とは何だ」と早速相手をなぐり付ける実例は、しばしば世人の目撃するところである。

「先生」とは識者に対する敬称だ。しかしそれも用いどころによっては、「先生と言われる程の馬鹿でなし」ともなる。

この様な実例を列挙すれば際限もないが、特に賤民の場合について、最も適切な二つの例を紹介したい。

徳川幕府直参《じきさん》の武士に「御家人《ごけにん》」というのがある。禄高は万石未満で、大名の列には加わらないが、その格式は大名の臣下すなわち将軍からは陪臣の武士等に比して、一段と高いものである。古くその名称の由来を尋ねてみると、もとは賤民中の一階級の名であった。彼らは無論良民とは歯《よわい》されない。しかしながら彼らはもともと主人持ちであるから、その主人が勢力があれば、自然と家人《けにん》にも勢力が付いて来る。社会の秩序が紊《みだ》れた平安朝の中頃以降では、源平武士の棟梁たる程の豪傑が、自ら摂政関白などの家人となって、自家の勢力を扶植する。所謂一人の跨《また》に入りて万人の頭を越ゆるもので、平将門は摂政藤原忠平の家人となって、遂に東国に割拠する迄の素地を作った。源頼信程のものも、町尻殿すなわち関白藤原道兼の家人として、その主の為に中関白道隆を殺そうとした程であったが、子孫頼朝に至って、ついに鎌倉に幕府を開き、天下の政権を掌握するの勢いとなった。或る公家《くげ》から東夷《あずまえびす》と呼ばれても、実力のあるところに天下の権は帰する。ここに於いてさらにその頼朝の家人《けにん》たる北条・梶原・畠山等の輩は、一躍して大名になってしまった。京都公家《くげ》の官僚なる大江広元の輩までが、鎌倉に下ってその東《あずま》夷《えびす》の家人《けにん》となった。ここに至っては彼らはもはや決して賤民ではない。もとは良民よりも遥かに低い「家人」の名称を、そのままに継承しながら、実際には遥かに普通の良民よりも、高い地位のものとなった。したがってこれを呼ぶにも「御」の字をつけて、「関東の御家人《ごけにん》」と言われていた。徳川時代の御家人《ごけにん》も、やはりその名称を継いでいるのである。

今一つ「さむらい」(侍)の語を紹介しよう。侍《さむらい》は両刀を腰に横たえて、天下の良民たる町人・百姓等を低く眼下に見下ろし、素町人《すちようにん》・土百姓《どびやくしよう》と軽蔑して、場合によっては斬捨御免《きりすてごめん》という程の権力をも有したものであった。侍《さむらい》は実に封建時代に於ける世人憧憬《あこがれ》の的《まと》であった。しかし「さむらい」の語は、もと決してそんな偉《えら》いものではなかった。

侍《さむらい》はすなわち「さむらう」で、貴人の左右にさむらうて、その用を弁ずる賤職である。今で云えば侍者《じしや》すなわち給仕である。昔は高年者に「侍」を賜うという事もある、家《け》人《にん》・奴婢《ぬひ》等がその主人に侍し、その用務を弁じ、その護衛に任ずるもの、これすなわち侍《さむらい》である。しかるに武家が勢力を得るに及んで、彼らは武芸を練磨し、その主と仰ぐ人を護衛するのが職掌となって、「侍《さむらい》」は同時に「武士《ぶし》」であった。かくてついには実際護衛の任に当らずとも、一般に武士を侍《さむらい》と呼ぶ事となったのである。室町・戦国時代には、大名とも言われる程のものも、なお侍と云った。狂言「入間川《いるまがわ》」に、入間言葉の逆《さか》さまごとの滑稽から、自分で川の深みに陥《はま》り込んだ大名《だいみよう》が、「諸侍《しよざむらい》」に欲しくも無い水をくれた程に、「成敗《せいばい》するぞ」と大威張りに威張ったところがある。これを見ても、当時既に侍が大名とも呼ばれて、もと侍者の賤職であった筈の彼らが、同一名称のままでいながら、今や天下の良民たる百姓の上に立ち、いかに我儘勝手な振舞いをしていたかが察せられる。

もと賤民の名称たる「家人《けにん》」の語も、実質さえ改まればそのままに立派な身分のものの名称となる。もと卑賤の職掌の「侍《さむらい》」の語も、実質さえ改まればそのままにまた立派な身分のものの名称ともなる。才人《さいじん》・禾尺《かしやく》の称を新たに白丁《はくてい》と改めても、その「新白丁」が依然としてもとの才人・禾尺であっては、その改称に何の効果もないのであった。我が「新平民」の称また然りだ。

明治・大正の時代には勲功によって新たに華族に列せられるものが少くない。しかし彼らは、新白丁・新平民が、旧白丁・旧平民から賤められた様に、旧華族から賤まれてはおらぬ。旧華族の中には自ら高く止まって、新華族と伍するのを快しとせぬものがあるかもしれぬが、それはむしろ彼らの瘠我慢《やせがまん》で、偶然、貴族の家に生れ合わしたという幸運と、自己の奮励努力によって贏《か》ち得た爵位と、その価値いずれにあるかは、識者を俟たずして明らかなところである。この奮励努力によって贏ち得たものは、その実質が正にその爵位に相当するものである。したがってそこに区別を必要とすべき或るものが存在しない筈である。

新白丁・新平民が、普通民から区別せられるべき或るものを存する間は、たとい称呼を何と改めても無効である。区別すべき必要がなくなれば、称呼を改めるまでもなく、これを区別すべき称呼は自然と消滅すべき筈である。さらに彼らが改善の実を挙げて、彼らは信頼すべきものである、彼らは尊敬すべきものであると公認せらるる様になったならば、「特殊部落」の名称が保存されていてもそれは特殊に信頼すべき部落である、特殊に尊敬すべき部落であるという事にもなろう。なお賤民の称なる「家人《けにん》」の名がそのままに、畏敬すべき「御家人《ごけにん》」ともなり、また賤職の称なる「侍《さむらい》」の名がそのままに、武士となって世人に羨まれた様に。――しかるに部落の人々は、往々にして新平民とか特殊部落とかの名を以て、いかにも自分らを侮辱したかの如く考えるものがある。しかし新平民とか特殊部落とかの語には、少しも侮辱の意味は含んでおらぬ。もし侮辱の意味がありとすれば、それは名称ではなくて実質如何の問題である。

ここに於いて自分は、所謂特殊部落の人々をして、区別すべき或るものを有せしめざる様にするを必要とする。彼らが区別せられるには、生活上の問題もあろう。品性上の問題もあろう。しかしながら彼らの中には、もはやこれらの点に於いて、区別すべき必要のない迄に改善せられたものが少くはない。彼ら以外に於いても、その生活上に於いて、品性上に於いて、彼ら以上に唾棄すべきものがすこぶる多い。十分疎外すべき必要あるものも、また決して少からんのである。しかるにもかかわらず彼らのみが、特に永く区別せられるのはそもそも何故であろう。

所謂特殊部落の中では、もとエタと呼ばれたものが数に於いて最も多く、それが世人から最も多く嫌われたのである。その理由は、主として彼らが牛馬の肉を喰い、その皮革を取り扱った為である。これらの所行を以て穢れたものと信じた往時の社会にあっては、これを賤しむのもまことにやむをえなかったであろうが、今日では何人も牛馬の肉を食して怪しまぬ。世人自ら進んで今やエタ仲間に伍している世の中である。貴顕紳士と呼ばれるもので、皮革会社の重役となって恥としないのである。世人自ら進んで今やエタ仲間に伍している世の中である。したがってこの点に於いては、もはや彼らを区別する必要はない。もし彼らの身体が実際穢れているとしたならば、それは入浴して身体を清潔にし、清潔なる衣服を着し、清潔なる家庭に住めばよい筈である。しかも彼らが、今日世間一般に肉を喰い、皮を扱うをも賤しとせぬ世の中にあって、なお普通民から区別せられるのは何故であるか。ここに至っては単に「因襲」の二字を以て解するよりほかはない。「因襲」の二字の鞏固なる障壁あるが為に、彼らは常に疎外せられる。疎外せられるが故に、彼らは生活上にも、品性上にも、自ずから種々の障礙を生ずる。この障礙のために、彼らはますます疎外せられる。因が果となり、果が因となりて、いつ迄も彼らは区別せられる。区別せらるるが故にそこに何らかの名称の必要を生ずる。そしてこの名称の存するが為に、彼らはしばしば裏切られ、折角改善の実を挙げようとしても、いつもその目的を達せずして、かえって自暴自棄に陥る事となるのである。

しからば、よくこの因襲の障壁を打破しうべきものは何であるか。それは歴史的研究の結果として、本来彼らが何者であるかを明らかにする事である。かくて彼ら自らよくこれを覚知し、世人またよくこれを承認して、始めてその障壁は取り除かるべきである。この障壁をさえ除く事が出来たならば、遺るところは彼らの多数が社会の進歩から後れているの現状のみである。彼らにして自覚反省し、世の進運に後れぬ様になったならば、もはや彼らを区別すべき何らの必要もなくなり、彼らの忌がる「特殊部落」の名称も、自ずから廃せられるべき筈である。よしやまたそれが永く存しえたとしたならば、それはかえって改善の結果、特殊に信頼すべきもの、特殊に親愛すべきものとなるべきである。

自分は特殊部落救済とか、改善とかの為に献身的に尽力せられる当局者や、多くの志士仁人に向かって、満腔の敬意を表する。しかし救済すべく、改善すべきものは彼ら以外にも多い。また彼らの中には救済改善の必要のない者も少くない。現下の問題として、最も必要なのは事実上の彼らの解放である。世人をして彼らを疎外せしめる根本観念の除去である。この解放さえ十分に行われたならば、もはや特殊部落として区別するの必要は全然無くなる道理である。そしてその中の真の細民なり、不良分子なりを、普通民中の真の細民なり、不良分子なりとともに一括して、これを救済し、これを改善すればよいのである。しかもよくこれをなすは、歴史的研究の結果として、その根原を明らかにし、世人をしてこれを納得せしめるを必要と信ずる。かくてもなお特殊部落の名称が保存せられたならば、それは特殊に信頼すべく、親愛すべきものであるという事にするの抱負を彼らに有せしめたい。

繰り返して言う。「特殊部落」という名称については、何ら侮辱軽侮の意味はない。もしその意味があるとすれば、それはその語にあるにあらずして、その実質に於いて存するのである。華族も社会の特殊民であれば、神官・僧侶も、学者・教育家もまた実に社会の特殊民である。先頃の「日本及日本人」に、正親町《おおぎまち》男爵が、「覚醒を要する二箇の特殊部落」として、華族と所謂特殊部落とを対照して論ぜられたのは、語いささか矯激に過ぎるの嫌いはあるが、或る意味に於いて確かに真理を語ったものである。部落の或る名士はまた自分にこういう事を言った。少くも自分は特殊部落に生れたのを以てむしろ幸福に感じている。かく言わば人或いは負惜しみと思うかは知らぬが、実際世間には自分程の者は箒で掃き寄せる程あるのである。しかるに自分が部落出身であるが故に、多少世間にも名声を博し、活動する事も出来るのであると。これまた語いささか矯激に過ぎるの嫌いはあるが、或る意味に於いて確かに真理を語ったものである。自分は部落の人達が、この諒解と抱負とを以て自覚反省したならば、彼らの嫌な区別的名称は自然に消えてしまうべきを信ずるものである。しかもなお依然その名称が存したならば、それは何ら侮辱的意味を有せざる、否むしろ一種の名誉の称号たるべきものであらねばならぬ。

遠州地方の足洗《あしあらい》

徳川時代の法制では、エタは非人の上に立って、これを支配監督する地位にいたのではあるが、非人には通例足を洗うて素人《しろうと》に成ることが出来るという道が開いていたのに反して、エタには殆どこれが認められてないのが普通であった。これエタは神の忌み給う肉や皮の穢に触れたもので、人そのものが穢れているのであると誤信された結果である。したがって非人と呼ばれたものの多数が解放された今日、なおエタと呼ばれたもののみは取り残されるに至ったのである。しかるに遠州の或る地方には、かかる厳重な習俗の行われた時代にも、なお「打上げ」と称して、足洗いの出来る道が設けられておった。「全国民事慣例類集」に、遠江国敷知郡地方では、「三代皮剝ぎの業をなさざれば、平民となるの例あり。穢多は所持地多分ありて、貢租を納め、中には富豪の家あり。平民へ金銭を貸付る者もあるなり」と見えている。幕府の制では弾左衛門の主張のままに、絶対に足洗いを許さぬ方針を執《と》り、他地方に於いてもこれに倣って、だんだん階級観念が盛んになるとともに、またエタの人口の増殖とともに、エタに対していよいよ甚だしい圧迫を加える様になっても、この遠州地方のみには、まだ幾分寛大な扱いが遺っておったものとみえる。そこで、これらの地方に於ける維新後の状況はどうであるか、他の地方とはどう違っているかを知りたく、かねて調査の機会を求めていながら、未だ着手に及ばなかった折柄、同地方の或る篤志家から、最も有益なる、かつ最も愉快なる左の如き完全融和の事実の通信を得た。

「完全に融和されたる部落」

遠江　奇聞老人

静岡県浜名郡□□□村字□□と称する部落は、通称六軒家と云ひ、小部落にして、幕府時代に在ては人民皮細工・草履細工を業とせしが、明治の初年頃従来の業を全廃し、みな農業に就き、婦女子は織業を営み、一般民と通婚行はれ、完全に融和されて殆ど昔日の痕跡を知るもの絶てなき状態なり。

同郡□□□村□□と称する部落は、浜名湖岸に接し、現在戸数六十戸余、旧幕末の頃に於て人民の営める皮細工・草履細工を全廃し、足洗ひと称し、従来の細工道具を村社に奉納す。今尚同地氏神社殿には昔の道具伝り、存在せりとの説あれ共、殆ど今日にては過去の痕跡境遇を知るものとてなく、一般民と完全に融和し、通婚行はれ、殊に郡下屈指の蚕業発達し、富の程度向上し、総ての点長大足の進歩を為せり。

同郡□□村に小字□□□と称する部落あり、戸数三十戸内外にして、旧幕末の頃に至り、皮細工・草履細工を廃し、足洗して農業に従事せし故、今日に於ては旧態を知るものなく、一般民と同等の進歩発達を見るに至れり。

磐田郡□□□村□□と称する部落は、戸数三十戸余の小部落にして、人民の営める皮細工・草履細工は明治の初年頃全廃し、農業に従事し、已に一般民と完全に融和通婚行はれ、昔日の痕跡を知るものなきに至る。

引佐郡□□村□□□□と称する部落は、戸数二十戸内外の小部落にして、明治初年の頃に至り、皮細工・草履細工を全廃し、足洗と称し、農業及副業として琉球蓙製造に従事し、一般民と融和通婚行はれたり。されど人民に努力の風乏しく、中流以上の産を有するもの尠く、生活の程度稍劣等なり。

右に見えたる五個の村落は、いずれも旧敷知郡か、もしくはその付近の地方のみで、かく完全に融和の行われたということは、村民各自の自覚努力の結果によるとは云え、一つは旧幕時代からこの地方の気風が、特殊民に対して寛大であった為かとも解せられる。しかも「エタの源流」如何を考えてみれば、これはむしろ当然の事で、他の地方で特に圧迫の多いのは、徳川時代太平の結果、階級思想の極端に発達したことと、肉食を穢とした迷信との結果であることを思うと、階級制度の打破せられ、その迷信の除去せられた今日、これらの完全に足洗の行われた貴重すべき実例を模範として、各自に自覚努力したならば、多年の因襲を破って完全なる融和を得るのも、さまで困難ではなかろうと思われる。

エタと非人と普通人

踏み出しの方向如何によって、一歩の差は遂に千里の差となる。称号廃止以前のエタの状態を見るに慣れたものは、所謂エタと普通人との間には、まるで人種がでも違ったものの如く考えたのも無理からぬ程に、彼此の地位に懸隔が設けられていた。しかしその中間に非人というものを置いて、さらにその所謂非人の古えを考えてみたならば、その間何ら区別のないものたる事は、容易に理会せらるべきものである。

エタと云い、夙《しゅく》と云い、河原者と云い、その身分にも、取扱いにも、社会のこれに対する感情にも、それぞれ区別のあるものの如く解せられてはいたが、本をただせばそう区別のあったものでない事は、別項「エタ源流考」に於いて説いておいた。鎌倉時代にはキヨメをエタと呼んでいた。室町時代には河原者をエタと呼んでいた。そして「今物語」によると、そのキヨメなるものは、実にまた一条河原の河原者であった。しかるに、その河原者なる者は、別項「河原者考」にある如く、その当時の事にしてみれば、いまの日雇取りや手伝い・土方などいうものと、職業上・身分上そう区別のなかったのである。否むしろ彼らは、当時身分を落して人の忌《いや》がる賤職に従事していたお蔭で、生計上はむしろ余裕のあったものが多く、一条河原のキヨメの美人が、盛装して五位の蔵人を恍惚たらしめたという話もある程である。また兵庫の夙の者は今日退転して土地の人もこれを忘れ、通称宿の八幡にその名を止めているだけであるが、その当時もエタの様に疎外されていたとは思われぬ。しかも彼らは慶長十七年に片桐且元のお墨付を頂戴して、町方なり、湯屋・風呂屋・傾城屋などの営業者なりから、定期に扶持料を要求する。祝儀・不祝儀の際に、またそれぞれの贈与を要求する。盗賊追捕の際にはその衣服を与えられる等の権利を与えられ、町方の警固なり、その雑役に任じていたのである。そしてこの事は徳川時代に各地のエタが与えられた特権や、課せられた雑役と類似のもので、当時に於いてはエタと夙との間に、そう区別のなかったものと察せられる。しかるにこれらの河原者や夙などの中で、皮革を扱い肉を食して、その身に穢ありと認められたものがエタとなり、他のものと区別さるるに至ったのである。

　エタにならなかった河原者とか夙の者とかは、一旦非人という仲間に入れられて、後に解放されたのもあれば、ただちに普通人に混じたのも多かろう。平安朝の社会状態を調査した者は、家人・奴婢の徒が立身出世して、社会の有力者となったものの少からぬことを容易に認めるであろう。駆使丁の賤者が一朝にして乗馬の郎等となり、野宿・山宿・河原者の徒が武技を練磨して武士になったのも多かろう。官兵微力にして用に堪えず、雑色《ぞうしき》浮宕《ふとう》の輩がかえって国家の信頼する勢力となった時代に、所謂河原者の輩が所謂オオミタカラなる公民を凌駕して、社会の上位に進んだものの多かるべきことは、今さら言うまでもない事実である。

応仁・文明以来戦国時代の状態は、前者に比して一層著しいものがあった。鎌倉以来の名族・旧家は大抵この際に潰れてしまって、到る処に新しい大名・小名が蜂起する。非人三党の輩といえども守護国司の望みをなすべく、如何ともする能わざるものなりとの東大寺尋尊の述懐は、必ずしも大和ばかりの状態ではなかった、野宿《のぶし》・山宿《やまぶし》・河原者の徒で、社会に雄飛活躍したものの多かったことは、これまた今さら言うまでもない事実である。

貴と賤と尊と卑と、畢竟境遇上の問題である。時勢に乗じ風雲に会して、よくその処を得たものは貴ともなり、尊ともなる。不幸にして世の進運に後れ、社会に落伍したものは賤ともなり、卑ともなる。しかもその幸運児の子孫は永久の幸運児でなく、落伍者の後裔は永久に落伍者たるべき約束はなかったのである。

しかるに徳川太平の代は、一旦定まった社会の秩序の変更を容易に許さなかった。落伍者の子孫は永く落伍者としてそのままに存置された。一旦エタの仲間として認められたものは永久に足洗をして平民となることを許されなかった。しかもその当初にありては、エタは当時の落伍者中に於いても比較的早く安住の居処を得、一定の職を有して町村役人の一部に列し、町村の警固に任じ、雑役に服し、相当の役料を得て生活していたのであった。したがって彼らは当時の賤者の仲間に於いては、むしろ上位にいるものとして認められ、彼らは他の非人や雑役人・雑工人の上に立って、遂にこれを支配すべく定められたものであった。この際に於いてエタがこれらの非人等よりも特別に賤しまれたという事実がありうべきでない。しかるに非人の方へは続々として新しい落伍者が落ち込んで来る、したがって新たに非人に落ちたものは、十年以内ならば足洗が出来るという制も認められておった。地方によっては、年限にかかわらず、非人は足洗の出来るものと信ぜられておった。つまり彼らは新たに加わる普通民の落伍者に均霑《きんてん》して、普通民と民族上区別のあるものでなく、ただ境遇上の相違から一時この仲間に落ちたものだと認められていたからである。これが為に非人はもとエタの下に置かれたのであっても、エタに対する社会の圧迫が加わるとともに、非人の方は漸次普通人に近くなり、世間のこれを見る事、エタに対する程にも嫌がらなかった。かくて遂にはその大多数がいつの間にか解放せられるの運命となったのであるが、もと非人と相択ばない者で、否むしろその上位にいると認められたエタのみは、永く取り残される事となったのである。

エタと非人と普通民と、もとをただせばあえて区別のあるものではない。現在の特殊部落の人々の祖先は、かつて何らかの事情によって、社会の落伍者となったのであった。そして徳川太平の世の極端に現状を維持しようとした結果として、子孫永く祖先の落伍を世襲せしめられたのであった。今や職業の世襲は全く解放せられ、国民各々その欲するところに従って、自由にその実力を発揮しうるの時に際し、特殊部落の人々のみなお依然として落伍の状態を世襲すべき必要はない。過去に於いて落伍者の子孫必ずしも落伍者ではなかった。そして現在に於いて、また将来に於いて、必ず同様であらねばならぬ。

「特殊部落研究号」発刊の辞

「特殊部落研究号」は何が為に発刊せらるるか。余輩がさきに同好諸氏に向って、我が特殊民に関する報告を求むべく送致せる依頼書は、ほぼその趣意を述べ尽せりと信ずるが故に、まず左にこれを掲載すべし。

特殊部落の解放に就きて敬告

拝啓。ますます御多祥奉慶賀候う。さて小生義多年日本歴史地理学会の経営に参与仕り、雑誌「歴史地理」の誌上に於いて、広く斯学に関する研究を発表致し来りおり候うところ、近時特に我が日本民族を研究して、広くその知識を普及せしむるの必要を感じ、本年一月以来、単独に「民族と歴史」と題する月刊雑誌を発行仕り候いて、もっぱらこの方面の研究と知識の普及とに従事致しおり候う事は、或いは既に御聞き及びの事かと存じ候う。

しかるに広く日本民族と申し候う中にも、その数無慮百二三十万にも達する特殊の一大部族これあり、彼らは同じく陛下の赤子にてありながら、一般社会より疎外隔離せられ、最も気の毒なる状態の下に、不遇の生活を送りおり候う事、世人のひとしく認知の次第と存じ候う。これを自然の成行きに放任致し候う事は、ただに彼らに対して同情に堪えざるのみならず、また彼らを解放し給える先帝の聖旨に副わざるのみならず、現時人種差別撤廃を世界に対して呼号する我が同胞間にありて、なおこの差別撤廃の実現せられざる事は、まことに相すまざる次第と存じ候う。しかのみならず、この疎外圧迫を蒙れる多数の同情すべき我が同胞には、必然の結果として或いは一般社会に対する反抗の念を高め、或いは自暴自棄の結果自然と放逸無頼に陥るものを相生じ、為に我が国家社会の生存発達の上に、少からざる障礙を来すのおそれこれ有り候う事、まことに昭代の不祥事と存じ候う。

ここに於いてか我が政府を始めとし、大日本公道会以下、民間特志の団体または個人に於いて、つとにこれが救済改善の事に努力せらるるもの多々これ有り、近く同情融和会の開催築地本願寺に於いて行われ、遂には帝国議会の建議とも相成り候う事、まことに事宜を得たる施策と、御同慶の至りに存じ候う。

しかれども実を申さば、彼らの間にもはや救済改善を要せざるもの多く存し、一般社会の間に於いても、かえってこれを必要とするものまた少からざる次第にこれ有り、既に明治四年穢多非人の称を廃せられてより、星霜を経る五十に近からんとする今日に於いて、なお特に或る限定せられたる社会を限り、その必要なき者をまで一括して、特別の名称の下にこれが救済改善を云為する事は、少くとも表面上無用の事にこれ有り候う。社会の不良分子は改善せざるべからず、社会の自存し能わざるものは救済せざるべからず、これを特に或る特殊の部族にのみ限るの必要は全然あるべからざる次第と存じ候う。しかるにもかかわらず、これらの同情者が依然として或る特殊の全部族を包括する特別の名辞の下に、これを呼号するを要とする所以のものは、そこに或る融和し難き障壁の存する為に外ならずと存じ候う。

実際彼らが一般社会より区別せらるるは、単に彼らが貧困なり、汚穢なり、トラホームと頭瘡との患者多し、その品性下劣なり、犯罪者比較的多しなどという理由のみにあらずして、さらに深き因襲的根柢の他に存するが為なるは、何人も了知の事と存じ候う。この根柢を除去せずして、単に形骸をのみ改め、以て同胞融和の実を挙げうべしとするは、所謂木に縁りて魚を求むる類に候う。ことに彼らが貧困なり、汚穢なり、トラホームと頭瘡との患者多し、品性下劣なり、前科者比較的多しというが如き事実は、必ずしも彼ら一般の状態にはこれ無く、中には堂々たる大廈高屋に住し、少くも外形上に於いて羨望すべき生活を遂げ、また学識と地位とを有し、その品位に於いても高佳にして欽慕すべきもの、また乏しからざる次第に候う。

なるほど統計上に表われたる彼らの事情が、彼ら以外の一般社会に比して劣等なるは明らかなれども、これは広く六千万民衆との比較の上に表われたる数字にして、もし一般社会中の下級民のみの事情を取りてこれと比較せんには、果していかなる程度にまで彼らが劣等なりやは、別に統計を取りて攻究すべき問題にして、軽々しく彼らをのみ賤しむべきものにあらずと存じ候う。

よしや仮りに彼らの多数が、多くの点に於いて然《し》かく劣等なりとするも、それは主として一般社会の多年の圧迫が、彼らを駆りてここに至らしめたるものにこれ有り候うは、疑いを容れざるところに候う。何人か好んで貧困と汚穢とに堪え、トラホームと頭瘡との疾患を忍び、下劣なる品性に甘んじ、忌むべき犯罪をあえてする者これ有り候わんや。ことに彼らに前科者比較的多しとの事に至っては、社会の圧迫が彼らをしてこれをなさしめたりという以外に、彼らに対する同情なき検挙の手が、その計数を増加せしめたるもの、また少きにあらざることかと存じられ候う。

観じてここに至れば、一般社会が彼らを責めて、これを疎外排斥する前に、まず自ら反省し、己を責むるの必要これ有り候う事勿論の義と存じ候う。

しかもなお一般社会が、彼らを疎外排斥するの挙を止めず、たとい表面何ら区別することなき場合といえども、そこになお隠然融和し難き或る障壁の存するものあるは、因襲の久しき、漫然彼らは賤しきものなり、穢れたるものなり、我らと同席すべきものにあらざるなりと教えられ、しか盲信するの結果にほかならざる事にこれ有り候う。さればこの障壁にして撤去せられず候いては、たといいかに彼らが蓄財し、清潔なる生活をなし、よくその健康を保全し、その生活を向上せしめたりとて、依然として彼らは、救済せられたる特殊部落、改善せられたる特殊部落というに止まり、そこに或る種の隔離はなお永く保存せられ、渾然たる同化融合の実は、これを久遠の後に期すべきにあらず

やと懸念せられ候う事にこれ有り候う。小生が「民族と歴史」を発行致し候うについても、その綱領の一つとして、

本誌は特に過去に於ける賤民の成立変遷の蹟を詳らかにし、今なお時に疎外せらるるの傾向を有する、同情すべき我が同胞解放の資料を供せんとす。

と呼号致し候うは、全くこれが為にほかならず候う。

小生もとより一貧学究にこれ有り、自ら進んで救済改善等の実務に当らんはその任にあらず。また彼らの救済改善は主として彼ら自身の自覚反省に待って、自らこれをなすべしと思考致しおり候うものにこれ有り候う。

されば一学究たる小生は、ただ平素抱懐致しおり候う日本民族成立上の知識よりして、彼らが何が故に区別せらるるに至りしかの歴史的研究の結果を披瀝し、今に至ってなおこれを区別するの妄なる所以を明らかならしめ、以て一般世人をして彼らを疎外するの念を絶たしめ、彼らをして自覚反省するの資を得しめんとするものに候う。これただに彼ら特殊社会の為のみにあらず、一つは以て我らが国家社会に対する責務の一部を完うし、一つは以て小生自身の学問慾を満足せしめんとするものにこれ有り候う。この目的を達せんが為に小生は、多年材料の蒐集と、これが研究とに注意致しおり候いしが、今や準備ほぼ相成り候うを以て、その第一歩として近く七月一日発行の「民族と歴史」を増大し、特殊部落に関する研究事項を満載して、一つは以て我が民族研究上の一分野を開拓し、一つは以て広くこれに関する知識を普及せしめ、以て前記の目的を達するの資

に供し度しと存じ候う。

人或いは小生のこの挙を以て、折角世に忘れられんとしつつある記憶を新たならしむるものにして、例えば癒合しつつある古疵を掻き起すものなるべしとの注意を賜わるものこれ有り候う。これ確かに一面の理ありとは存じ候えども、彼らが本来何者なるかを明らかにし、その何ら区別疎外すべきものにあらざる所以を理会するを得候う以上は、既に解放せられ、もしくは解放せられんとする人々も、当然これに均霑《きんてん》すべく、いたずらに広き天地に跼蹐《きょくせき》してその素性の露れんことをこれ恐れ、常に戦々兢々たるものに比して、その利害得失いかんぞや。ことにつとに解放せられて、そのかつて非人等として賤まれたりし事をすら忘れられたる、或る過去の特殊の部族の由来顚末を明らかにすることは、将来解放せらるべきものの先蹤として、研究上最も必要なる事にこれ有り、その過去の沿革を調査することが、何らこれらの人々の威厳を害し、名誉を損するものにあらずと思考致し候う。ついてはこの際なおさらに大方諸賢より、左記事項に関する投稿を得て、一層その研究を完成致し度しと存じ候う。仰ぎ願わくは小生のこの微衷のあるところを諒とせられ、何らの御隔意なくこれに関する御研究或いは御見聞の程、御報告に預り度く、懇請の至りに存じ奉り候う。敬具。

一、過去に於ける穢多・非人、その他諸種の特殊民に関する史料。特に既に解放せられたる旧特殊民に関する報告。

二、各地の特殊部落の現状に関する報告。

三、山窩・箕直し・勧進等と称せらるる浮浪民に関する報告。
四、その他一般特殊民に関する感想並びに解放意見等。

余輩が特殊部落の研究に興味を感じたりしは、既に十数年の往時にあり。爾来これに関する資料の蒐集に留意し、またしばしば部落内に出入して、彼らの生活の現状を目睹し、その有識者と談話を交換するに及んで、一般社会のこれに関する観察の誤れる者少からざるを知るとともに、これに対してうたた同情の念禁じ難きものあるに至れり。ことに余輩の研究の結果によれば、彼らが特に甚だしく世に軽侮擯斥せらるるに至りしは、近く徳川太平の世、社会の階級思想の著しく発達せし以来の事にして、さらに遠き過去に於いては、彼らのみがことさらに疎外せられし事情あるを見ず、かつて彼らと伍を同じゅうし、もしくは時にその下位に列せし特殊民の多くが、つとに解放せられて社会に公行闊歩するもの少からざる今日に於いて、ひとり彼らのみがこれに均霑する能わず、永く世の落伍者として悲境に沈淪するの不条理なるは、到底世人の黙過すべからざるものなることを痛切に感ずるに至れり。

余輩一学究、もと自己の知識慾を満足せしめんが為にこれが研究に従事するものにして、あえて自ら一般社会を警醒し、もしくは自ら彼らを救済せんとするにあらず。しかれども、もし余輩のこの研究の発表が、幸いにして世の注目するところとなり、幾分にても一般社会の彼らに対する同情を喚起し、世人をして彼らに対する圧迫の不条理なる所以を覚知せしめ、彼らまた自己の由来を明らかにして、幾分にてもこれに因りて自覚発奮するの機を得ることあらんには、これ望外の僥倖ならんのみ。

誌面限りあり、本号載するところ僅かに余輩の研究の一部分を披瀝しえたるに過ぎず。同好各位の余輩に致されたる有益なる報告も、また単にその一部分を掲載しえたるに過ぎざるなり。けだし過去に於ける特殊民、すなわち所謂穢多非人の賤号の下に汎称せられたりし我が同胞は、その種類すこぶる多くして、到底本号に於いて説き尽くしうべきにあらず。またこれら特殊民の中にありても、もと非人と呼ばれたりし多数の人々の如きは、既に解放せられて今日所謂特殊部落に属せざるもの多く、今の所謂特殊部落の大多数は、もと穢多と呼ばれたりし部族に属するものなるが為に、本号収むるところも、自ずからまず旧穢多に関するものを主として、所謂非人に関するものの如きは、比較の必要ある少許のほかはことごとくこれを省略したり。されば余輩の発表は、もとより本号載するところを以て尽きたるにあらず、以下号を逐いて続々世に問うところあるべく、余輩の研究またもとよりこれを以て終りとするにあらず、将来永く継続して、ますますその精緻の域に達せんとす。世の同好の各位、こいねがわくはこの意を諒とし、その調査観察の結果を続々本誌に投寄して、余輩の研究を援助し給わんことを。

因みに云う。本号載するところの部落の沿革・解放に関する長編は、さきに内務省地方局に於いて開催せられたる、細民部落改善協議会席上に於ける講演筆記を本《もと》として、これに添削修正を加えたるものにして、けだし特殊部落に関する余輩の研究を、最も通俗に概説したるものとす。その以下の諸編は、さらに委曲に渉りて部分的にこれを論説考証せるものにして、彼此重複少からざるも、けだし双方これ相俟ってその完《まった》きを見るをうべきものなり。読者諸賢もしその前後重複するところあるを咎め給うなくんば幸いなり。

大正八年七月一日

喜田貞吉識

編輯雑感

自分がこの特別号の発行を思い付いたのは、本年二月下旬、東京築地本願寺で催された同情融和会の折であった。かくて爾来材料の蒐集に着手し、四月にその計画を発表して各地の有志家に材料の提供を依頼し、五月の本誌上に始めて予告を掲げた様な次第であったが、今やともかくもこれだけのものを発行せしむるに至ったのは、同情者各位とともに愉快に堪えぬところである。

自分は歴史家として早くから賤民の沿革に注意せんではなかった。しかしそれは主として大宝令などに見える古代賤民の事であって、現在の部落の起原沿革については多くの興味を有しておらなかった。いつの事であったか、何でも過日物故せられた東京府知事の井上博士が、まだ内務省の何とか局長であった頃、自分も文部省に奉職しておったが、同博士から頼まれて、帝国教育会館で開かれた報徳会かの会合に列席し、賤民の民族的研究を述べた事があった。この時この方面の研究には確かに自分よりも先輩たる柳田國男君から、有益なる注意を賜わったり、からかわれたりした事を記憶する。今や不十分ながらもこの特別号が出来て、しかもこれをその井上博士に見てもらう事の出来ないのは遺憾に堪えない。しかし爾来ますます健在にして、引続きこの方面の研究を重ねておらるる柳田君から、親切なる叱正を得る事の出来るのは最も幸いである。

実際当時自分は中古以来の賤民の事について、お恥しながらすこぶる無知識であった。明治四十五年に「読史百話」を発行して、その中に犬神人の事に関し、とんでもない間違いを書いて、やはり柳田君から親切なる注意を得た事があった。まことに恐縮汗顔の次第で、早速調査を重ねて「歴史地理」の誌上で訂正的考証文を発表した。爾来この方面にも深く趣味を感ずる事になったのは、一に先輩柳田君の賜である。

自分が始めて部落に出入りしたのは、確か明治四十二年の事であったと記憶する。当時自分は京都の縄手三条下る処に寓居しておった。したがってその付近にある旧悲田院の部落や、旧エタの頭村と言われた天部《あまべ》部落を通過する機会が多く、自然にその現状に通暁するに及んで、もとエタ非人と並称せられ、法制上からはむしろ下位に見られた旧非人の方が立派になって、世人から殆ど特殊扱いにされていないのに反して、かえって上位にあるべき筈の旧エタの方が、気の毒なる状態にあるのに不審を感じ、研究してみたいという念を起すに至った。それから数回天部の篤志家竹中半左衛門翁を訪問して、所蔵の古文書を見せてもらい、また同翁経営の夜学校で、該部落の青年児童に対して、一席の講演を試みた事もあった。しかるに今やその竹中翁もこの世におられない。

大正二年の頃寓居を洛北田中に転じて、田中部落の事情をも見聞するの機会が多かった。その後郷里の部落で、二箇所ばかり講演を試みた事もあった。今にして思うと、これらの講演がいずれも不徹底極まるものであったのは恥しい。

昨年八月例の米騒動があって、京都付近でも部落の人々が大分これに関係した如く噂された。他の地方に於いても同様の風説が行われた。これから世人も部落問題のゆるがせにすべからざる事に注意し出した様であるが、自分も親しくその破壊狼藉の蹟を見て、徹底的にその起原沿革を明らかにしてみたいとの希望を起した。爾来記録を尋ね文書を探って、多少得るところあるを自覚し、十月京都大学読史会大会で、「余戸《あまべ》」に関する研究の一端を発表した。

本年一月から本誌を発行することになったのも、一つはこの方面の研究を試みたいためであって、その綱領の一つとして、過去の賤民成立変遷の蹟を明らかにし、同情すべき同胞解放の資料を供せんとする事を標榜したところが、幸いに多大の反響があって、諸方から注意と奨励との辞を賜わることが多かった。

たまたま同月帰京の際、内務省で細民部落改善協議会が開かれて、添田地方局長の依頼によって、委員諸氏に対し一場の講話を試みた。これは局長から依頼せられたとはいうものの、実は押売り講演であって、その筆記を訂正したのが、本号巻頭の長編である。〔この本ではこの「編輯雑感」の前に置いた——編注〕

二月下旬同情融和会に於いても、前例によって一席の講演を試みた。この際、奈良西坂の松井道博君、京都柳原の明石民造君、同野口の南梅吉君等、その他多くの有志の人々とも会見し、爾後これらの人々と往来して、いよいよこの特別号の発行を決心するに至ったのである。

この計画を発表して以来、各地の同情者諸君から、甚だ多くの有益なる資料を投寄せられたのは感謝に堪えぬ。前記の松井・明石・南の諸氏を始めとし、部落の先覚有志の諸君が、自分の訪問を歓迎し、胸襟を披《ひら》いて有益なる資料と調査の便宜とを与えられたのは、また以て感謝に堪えぬ次第である。ただ憾《うら》むらくは自分の執筆が冗長に失して、為に有益なる投稿や、研究しえた結果をことごとく収録する事の出来なかった事であるが、これは次号以下に於いて、漸次発表したいと思っている。

最後にお断りしたいのは、本誌の発行の遅延と、編纂の不行届きとの点である。特に収録中の各編が、繁簡宜しきをえず、前後重複するところのすこぶる多いのは慚愧に堪えぬ。何分にも従来の普通号に七八倍するこの大冊の事であるから、前以て幾分の準備をめぐらさぬではなかったが、編纂発行の上に最も大事な六月中旬の初めから、荊妻がはからず病褥に横たわったが為に、東京の自宅と京都の寓居との間を数回往復して、遂に原稿の推敲や整理に力を用うる事の出来なかった事と、かねて入院加療中の発行主任古藤田喜助君の愛嬢が、六月二十日逝去せられたが為に、同君が本誌に専なるを得なかった事とによって、遂に右の不始末を生ずるに至ったのである。これは特に同情ある読者諸君に向かって、寛宥を願いたい。

自分の部落に関する研究はもとより本号の発表を以て尽きるものではない。既に起稿して筐底に蔵した原稿もあれば、将来ますます研究を重ねて発表してみたいものも甚だ多い。願わくば大方の同好各位、ますます本誌の為に有益なる資料を供給せられて、自分のこの研究を助けられたい。

繰り返し言う如く、自分は一学究で、もとより自ら部落改善救済等の衝に当るものではない。ただ自分の民族的研究の一部として、これが調査に着手し、その資料を集めるのを主なる目的として、この特別号の発行を試みたのである。幸いに我が同好各位の同情によって、自分の目的は半ば達せられた。そしてもし自分のこの研究が、幾分にても一般世人を警醒し、部落の人々を自覚せしむるの資料になるを得たならば、これ実に望外の幸せである。

解説◉被差別部落研究の金字塔

礫川全次

本書は、喜田貞吉の個人雑誌である『民族と歴史』の第二巻第一号「特殊部落研究」（一九一九・七）のうち、喜田自身の執筆にかかる部分を翻刻したものである。

雑誌の特集号として刊行されたものであるが、そこに収められた喜田の諸論文・諸研究は、それまでの「特殊部落研究」の水準を一挙に抜いた「金字塔」とも言える文献である。もちろん、そこに示された喜田の方法論やイデオロギーについては、当時から今日まで、さまざまな批判がなされている。しかし、その後の研究がこの「特殊部落研究」号を基礎として発展していった事実を否定する者はいない。

同研究号は本文三二二ページであるが、うち喜田が執筆しているのは二二四ページ、すなわち七割弱を占めている。個人雑誌だからこそ、そうしたことも許されたわけだが、それにしてもこれだけの論文を用意しうる喜田の執筆力には感嘆する以外ない。

かつてこの特集号は、「部落問題資料文献叢書」の第五巻『特殊部落研究』として、喜田以外の執筆者の論文・報告を含めて復刻されたことがある（世界文庫、一九六八）。

同書の巻末には、成沢栄寿氏による懇切にして周到な「解説」が付されているが、その結論にあたる部分で、成沢氏は次のように述べていた。

解説―「喜田貞吉博士と『特殊部落研究』号」は、以上でおわる。三〇〇ページ余の書物の解説としては、ながすぎたようである。けれども、管見によれば、部落史研究と本格的にとりくんだ、この戦前における唯一の歴史学者とその研究についての、部落問題研究の側からの、全面的な研究や紹介は皆無であり、したがって、拙稿のようなつたない解説ではあっても、それを試みることは無意味ではないと信ずる。

部落解放運動の側からの、喜田の部落史や部落解放論についての論策としては、栗須七郎の「融和促進批判―喜田博士の無理解を暴露す、水平運動と融和運動との対戦」（一九二六年執筆、前掲「水平道」所収）がある。それは、水平運動の立場からのするどい分析と批判を行なったもので、学ぶべき点の多い論策である。しかし、批判の一面的にすぎる部分も少なくない。

拙稿は、融和主義の立場に立つ喜田の部落解放論、今日の部落史研究からみた喜田の研究の不十分さについて指摘し批判しながらも、従来、不十分であったと考えられる部落の異民族起源説・古代賤民起源説を本格的に打破した喜田のすぐれた業績に対する評価などを試みたものである。また、何ゆえに喜田が情熱をこめて部落問題の学問的研究と啓発的活動にとりくむようになったかについても、その経緯を多少追求し

（三六一ページ、傍点礫川）

てみたつもりである。

まず、右のうちの傍点部分、すなわち「部落の異民族起源説・古代賤民起源説を本格的に打破した喜田のすぐれた業績」について確認しておこう。喜田のこの「業績」について、成沢氏は次のようにまとめている。

喜田は、自らの古代史研究の当時としてはすぐれた成果を基礎に、主論文「特殊部落の成立沿革を略叙して其解放に及ぶ」の各節、とくに「日本《やまと》民族の成立」（十四）・「民族と貴賤」（十五）の二節で、部落の人種起源説ないし民族起源説の誤りを指摘している。

①「日本民族は、もといろ〳〵の民族が寄り合つて」「出来た複合民族」である。「多数の先住民族」は、「欺討」をふくむ交渉によって「天孫民族」に同化・征服された。「早く天孫民族に同化」せ「ざる者は雑戸」や「浮浪民」になった。「雑戸」のうち「陵戸のみは、賤民族でありましたが、其の他のものは賤民でな」く、しかも「聖武天皇の時に解放されて、平民」同様になった。「浮浪民」「とて本来民族の違つたものではない」。

②「賤民として疎外されて居るものは、土人や帰化人の子孫ではなからうか」などというのは事実に反する。「戦争に負けた先住民や、運の悪い帰化人が、奴隷になつたり、

人の嫌がる仕事をさせられたりしたものはありませう。併し同じ日本民族でも、運が悪るければ同じ境遇に落ちます。其の代りに都合よく行つたものは」「立派に貴族になつたものも沢山」ある。「奴隷なり、其の他の賤民なりも、解放されさへすれば何時でも良民に為り得」た。

③「我が日本では、民族上から貴賤の区別を立て丶、之を甚しく疎外するといふことは、少くとも昔」はなく、「もとは違つた民族であつたにしても、久しい間には皆一つになつて居るので」あって、「随つて唯々境遇上の問題に依つて、或は貴ともなり、賤ともなり、其の間に著しい区別を生ずることはよくありますが、其の境遇が変れば自から貴賤の区別も変つて来る」。

などが述べられている。

（三四四～三四五ページ）

こうして成沢氏は、「喜田が従来の部落起源に関する臆説を学問的に打破したこと」、喜田の学説が「社会的にも多大な啓発的役割を果した」ことを高く評価したのである。

◎

しかし、一方で喜田は、「先住民族」についても強い関心を抱いていた。また喜田には、かねてから、「賤民」を先住民族の後裔として理解しようとする傾向があった。この点は、本書の姉妹編『先住民と差別――喜田貞吉歴史民俗学傑作選』（礫川編、河出書房新社、二〇〇八）所収の諸論文、「国栖の名義」（一九一九）、「手長と足長」（一九一九）、「憑き物系統に関する民族的研究」（一九二二）、『ケット』と『マット』」（一九三一）などを見れば、容易に看取できることである。すなわち、「従来の部落起源に関する臆説を学問的に打破した」喜田は、同時に、「部落起源に関する臆説」を展開してきた喜田でもあったのである。

こうした「矛盾」をどのように説明すればよいのか。

おそらく喜田にとっては、こうした「矛盾」は少しも矛盾でなかったと思われる。ただし、喜田自身がその「矛盾」に関して明瞭な説明をおこなっておらず（おこなおうとしておらず）、またこれまでの多くの喜田論も、この「矛盾」には触れていない。そこで、喜田にかわって、この「矛盾」が必ずしも矛盾でないことを説明しておくことにしよう。

第一に、喜田は、古代における賤民と、近世以降の賤民、あるいは近代における被差別民とが、系譜的につながっているとは考えていなかった。この点は、成沢氏がまとめ①②③によって明らかにしている通りであるが、若干、喜田自身の文章を引用しておこう。

もと制度上からは賤民の筈の家人《けにん》や、賤しい給仕階級の侍《さむらい》が、運がよいと大名にもなる。そうでなくても御家人・侍は四民の上に立って、「おおみたから」たる農民を卑賤のもののように見下してしまう様になりました。しかしもともと武士には蝦夷《えぞ》すなわちエビス出身が多かったから、「徒然草《つれづれぐさ》」などを始めとして、鎌倉南北朝頃の書物を見ますと、武士のことを「夷《えびす》」と云っております。

（「特殊部落の成立沿革を略叙してその解放に及ぶ」15、六八〜六九ページ）

喜田は、こうした「貴賤交代」の例を示しながら、古代における賤民と、近世以降の賤民、あるいは近代における被差別民とが、系譜的には連続しないことを示したのである。

第二に、喜田は、差別が生じる理由を、社会的・歴史的事情に求めており、必ずしもその「起源」には求めなかった。

近代以降、「旧非人」に対する差別が解消されていったにもかかわらず、「旧穢多」に対する差別は一向に解消されなかった。喜田はこの理由を社会的・歴史的事情に求め、「起源」には求めていない。

「特殊部落の成立沿革を略叙してその解放に及ぶ」17、にある記述を引用してみよう。

世人が特に彼らをひどく賤しみ出したのは、徳川太平の世階級観念が次第に盛んになった時代でありまして、穢多に対して極めて同情なき取締りを加える様になったのは、徳川時代も中頃以後になってからが多いのであります。かくて末に近づけば近づくほど、取扱いが残酷になっております。これ主として彼らの人口が盛んに増殖した結果です。彼らの職業と住居とは制限せられておりますから、生活はますます困難となり、勢い世間に向って溢れ出る。これに対する防禦の圧迫が、次第に彼らを苦しめたのでありまます。何故彼らにのみ増殖率が多かったかは、攻究すべき問題ですが、事実は全くそうです。そこで徳川時代も中頃以前の様子を見ますと、彼らは独占の事業と、種々の特権とを有して、しかもその人口が甚だ少かったから、生活も安泰であった。穢多部落に富豪の多い事は往々記録に見えております。（七四ページ）

「穢多」に対する差別が激しくなったのは江戸中期からで、その理由は彼らの人口が急増したためだという説明をおこなっている。さらに、近代以降の「穢多」の動向について、次のように述べる。

したがって世間の圧迫と擯斥《ひんせき》とは次第に彼らの上に加わる。その結果彼らはますます貧乏して、いよいよ不潔にもなったでありましょう。ことに維新後平民たるの権利をお上から与えてもらったのは、彼らにとって無上の幸福ではありますが、世間からは実際上その権利の行使を許してくれません。それにもかかわらず従来の独占と特権とは多く奪われて、国民としての義務は身分相当につくさねばならぬということになったので、それが狭い範囲に於ける人口の急激なる増殖と相俟って、一層気の毒な状態に彼らを陥れました。（七五ページ）

喜田は、維新後に「穢多」が置かれた厳しい状況を、経済的背景や、差別する側の動きにも注目しながら、まさに「社会的・歴史的」に捉えようとしているのである。ここで喜田が提示しようとしたことは、端的に言えば、「賤視の起源」と「差別の理由」とは別の問題だということになるだろう。

――「穢多」の起源、あるいは彼らが「穢れている」とされた経緯については、さまざまな史料があり、またさまざまな解釈がある。しかし、江戸後期から明治にかけて、彼らに対する差別が強まったのは、そういった「賤視の起源」とは別問題である。「差別の理由」は、あくまでも社会的・歴史的な背景に求めなければならない。――

もちろん喜田自身は、「賤視の起源と差別の理由とは別の問題だ」ということを、明確なテーゼとしては述べていない。しかし喜田は、「特殊部落研究」号の発行に先立つ「特殊部落の解放に就きて敬告」という依頼書において、次のように述べていた（この依頼書は特集号の「発刊の辞」に引用掲載されている）。

人或いは小生のこの挙を以て、折角世に忘れられんとしつつある記憶を新たならしむるものにして、例えば癒合しつつある古疵を掻き起すものなるべしとの注意を賜わるものこれ有り候う。これ確かに一面の理ありとは存じ候えども、彼らが本来何者なるかを明らかにし、その何ら区別疎外すべきものにあらざる所以を理会するを得候う以上は、既に解放せられ、もしくは解放せられんとする人々も、当然これに均霑《きんてん》すべく、いたずらに広き天地に跼蹐《きょくせき》してその素性の露れんことをこれ恐れ、常に戦々兢々たるものに比して、その利害得失いかんぞや。（二六〇頁）〔私の研究方法について、それは忘れられようとしている記憶を思い出させ、癒合しようとしている古傷を掻き起すものだと注意してくれる人がいる。これはいかにも一理あるようだが、彼らが本来何者であるかを明らかにし、それが何ら区別疎外すべきものではないということが理解できれば、すでに解放され、あるいはこれから解放されようとする人々も同じように恩恵に預かる。広い天地の中でいたずらに身をかがめ、素性が露見することを恐れて戦々兢々としているのと比べれば、その利害得失は明らかであろう。〕

要するに、こういうことであろう。――かつて賤視されていた人々が、今日すでに差別されていない事実はいくらでもある。この場合、「かつて賤視されていた事実」を暴くことは、「古傷を掻く」ように思われるかもしれないが、決してそうではない。むしろ、「かつて賤視されていた事実」を暴くことによって、そうした事実が「今日差別されなければならない理由」になりえないことが明らかになるのだ。現在、差別されている人人も、あえて自分が「何者であるか」を明らかにし、今日、そんなことによって「区別疎外」される謂れはないことを人々に理解させるべきだ。――「賤視の起源」を明らかにし、「その何ら区別疎外すべきものにあらざるゆえん」を説くことが差別の解消につながるというのが、喜田の「方法」であった。やはり喜田は、「賤視の起源と差別の理由とは別の問題だ」と考えていたように思うのである。

◎

もちろん、「矛盾」についての右の説明は、解説者（礫川）が勝手におこなったものにすぎない。喜田自身は、そうした「矛盾」には鈍感であった節もある。

たとえば、「エタ名義考」の第四章「エッタはオロッコ族の称か」における〈エッタ＝オロッコ族〉説。これなどは、まさに「異民族起源説」であり、特集全体の論調と矛盾するものとなっているが、喜田がこの部分の記述を改めようとした形跡はない（同特集号は、一九二三年に「第六版」が出ているが、「エタ名義考」の記述に変更はない）。

また、「特殊部落の成立沿革を略叙してその解放に及ぶ」16、では、得意の「先住民族論」が登場する。ここで喜田は、隔離された山間等には、今なお先住民族の後裔が存在するという立場を示しており、これまた「異民族起源説」の雰囲気が濃厚に漂っている。

また京都の東北の八瀬人《やせびと》が、自ら鬼の子孫だと認めておったことは有名な話で、彼らはもと他村の者と縁組もしなかったとも言われ、先祖の鬼がいたという鬼の洞が今もある。同じ京都の北の貴布禰神社《きぶねじんじゃ》の旧祠官舌《した》氏も、鬼の子孫だと言われていた。大和の宇智郡地方には、鬼筋という家柄もあるそうです。このほかにも鬼の子孫だという旧家は所々にあったが、要するにこれらは、先住民族の子孫だということを認めておったものでありましょう。山人が山間に遺《のこ》ったように、海浜にも海人《あま》が遺る。もっとも平地続きの海浜では、早く世間に同化してしまいますが、交通の極めて不便な、嶮しい山が海岸にまで逼《せま》っていて、地理的に他と隔離された所とか、或いは離れ小島だとかいう所には、往々にしてこれが遺る。その中には、豊後のシャアとか、日向のドンキュウとか、一種異ったものとして認められているのも少くありません。

（七二ページ）

成沢氏の指摘のように、喜田の学説が「社会的にも多大な啓発的役割を果した」ことは確かにあったと思う。ただし、喜田の賤民史あるいは賤民観は一筋縄ではいかない部分があり、喜田が「従来の部落起源に関する臆説を学問的に打破した」と言えるかどうかについては、ここでは判断を保留しておきたいと思う。

◎

ここで少し視点を変えて、「穢れ」という問題について、喜田がどのような問題意識を持っていたか考えてみよう。

特集号所収の「特殊部落と寺院」という論文は、この穢れという問題と深く関わるが、ここには「穢れ」という言葉は出てこない。喜田の「穢れ」観を最も端的に示しているのは、一九三二年（昭和七）に、三好伊平次（中央融和事業協会参事）ほか中央融和事業協会の関係者とおこなった座談会における発言ではないだろうか。「徳川時代の部落の産業経済に就て」というテーマでおこなわれたこの座談会の記録は、『融和事業研究』第十一輯（一九三二）に掲載されている。以下にその一部を紹介してみよう（座談会の全容は、礫川編『穢れと差別の民俗学』批評社、二〇〇七、で確認されたい）。

下村　屠殺をケガレとしたのは仏教思想の影響だとするのとそれは冤罪であると云うものとありますが。

喜田　ケガレの対象は時代によって違う。神道では死穢血穢のケガレは云っていたが、肉穢は云っていなかった。ハフリはホフリで神主自身が屠殺をやったこともある。大宝令に始めて牛馬の肉を食っては悪いと禁ぜられた。これは仏教の殺生戒の影響である。

河上　仏教の影響ばかりでなく、狩猟時代から農耕時代になって牛馬は農耕に役立つものであるから禁ずるようになったと云う人もあるがいかがですか。

喜田　日本は古くから農耕をやっていたので仏教渡来以前からやっていたのであるが、肉穢思想は仏教渡来後である。天武帝の頃から人間に役立つもの、人間に近いものを殺してはならぬと云うので牛、馬、鶏、猿等の殺生断肉をやかましく云うようになったのである。

右で下村とは、下村春之助、河上とは河上正雄のことである（ともに中央融和事業協会同人）。このあと、下村が喜田に鋭い質問をぶつける。

下村　仏教徒が屠殺を禁ずるのは悪業と云う意味からであって、ケガレと云う意味からではないと思う。ケガレは仏教渡来以前からあったのではないですか。

喜田　それは時代の社会意識が造ったのである。ケガレは神道の思想であるが、食肉屠殺をケガレと云うようになったのは仏教徒が神道のケガレを利用したのである。それは同じ仏教を信じているところでも支那や朝鮮には食肉殺生をケガレとしてないのに日本だけにそういうようになったのは、仏教徒が神道のケガレ思想を利用したからである。

下村　それではケガレの原因は神道で仏教は部落発生の動因になったと云うことになりますね。

喜田　エタをキタナイとしたのは殊に真言宗で、エタを一般にイヤシイと視るようになったのは徳川時代である。元、武士はエタをあまり嫌わなかった。それは武士は人殺し狩猟をするから、『三好記』（戦国時代）に適例があるがエタを極端にキラッタのは真言坊主である。

徳川時代では屠殺よりも肉食をキラワレたのである。

下村の「ケガレは仏教渡来以前からあったのではないですか」という質問に対する喜田の答は、「仏教徒が神道のケガレを利用した」というものであるが、これだけでは、ケガレが仏教に由来するのか、神道に由来するのかが明確でない。

そこで、赤堀郁太郎（『融和事業研究』編輯兼発行人）と山本正男（中央融和事業協会同人）が、さらに問題の本質に迫る。

赤堀　神道は宗教学上より見れば極めて単純なもので、これによって代表せらるる日本の古代文化もまた極めて幼稚であった。日本は仏教とこれに伴うて渡来せる印度支那の文化を受けて初めて文化史上に出現するを得た。

山本　徳川時代では思想上神道より仏教の影響が強かったのではないですか。

喜田　神道にはもと思想はない、神道は、古代からあったので支那朝鮮の文化を受けて神道に思想ができたのである。

喜田は赤堀の「印度支那の文化」という言葉を「支那朝鮮の文化」と言い換えてはいるが、基本的に赤堀の問題提起を受け入れたもようである。

喜田の最後の発言は、必ずしも歯切れは良くないが、対談の流れからして、喜田はここで、「神道思想」そのものが「支那朝鮮」を経由して渡来した外来文化であり、したがって「神道のケガレ」もまた日本固有のものではなく、「外来」の文化（仏教思想）に由来するものであった可能性を認めたことになろう。

日本における「穢《けがれ》」の思想は、仏教の影響によって形成されたものなのか、それとも日本固有の「ケガレ」観念に由来するのかというのは、非常に興味深くまた重要な問題であるが、今、この問題に深入りするわけにはいかない。ただ、この問題は戦前においては、「ナショナリズム」がからむ問題であったことだけは、ここで指摘しておいたほうがよいだろう（たとえば、下村の「ケガレは仏教渡来以前からあったのではないですか」という質問は、「ナショナリズム」の側に立った発問だった可能性がある）。

文庫版あとがき

礫川全次

本書『被差別部落とは何か』の解説としては、単行本版（二〇〇八年）の解説「被差別部落研究の金字塔」で、言うべきことは言い尽くした感がある。そこで、この「文庫版あとがき」では、二点について、補足しておきたいと思う。第一点は、「喜田貞吉《きたさだきち》と南北朝正閏問題との関わり」について、第二点は、「喜田貞吉の人柄」について。

喜田貞吉は、一九一九年（大正八）七月、『民族と歴史』を創刊した。この雑誌を通して、喜田は、「賤民史」という新しい研究領域を開拓し、全国に研究の同志を求めようとしたのだった。しかし私見によれば、喜田にとって、この「個人雑誌」を創刊した最大の目的は、別のところにあった。その目的とは、誰からも干渉や制肘を受けることなく、自分の意見を発表できる媒体を確保することだった。過去に、「南北朝正閏問題」という重大事件を経験した喜田であるから、そのように考えていたとしても、少しも不思議ではない。

南北朝正閏問題は、一九一一年（明治四四）一月に浮上した。これは、日本近代史上、特筆に値する重大な政治的事件であり、今もって、未解明なところの多い事件である。この問題は、当時、文部省教科書編修官であった喜田貞吉を直撃した。というより、喜田貞吉が執筆した歴史の国定教科書が、この重大問題の発端になったのである。

南北朝正閏問題については、吉川弘文館『国史大辞典』の項目「南北朝正閏問題」〔宇野 1989〕を初めとして、これまでの解説は、正確にして十分なものとは決して言えない。以下、「南北朝正閏問題と喜田貞吉との関わり」を、典拠を明示しながら、できるかぎり正確な形でまとめてみる。

この問題の発端は、一九一〇年（明治四三）に発行された『尋常小学日本歴史 巻一《まきのいち》教師用』（文部省著作・発行）に遡る。同教師用書は、「上」と「下」からなり、一九一〇年（明治四三）三月二八日に「上」が、六月一日に「下」が刊行された。その下巻の一一一ページ以下に、「南北朝」と題する章があった。タイトルの通り、南北両朝並立の立場をとっている。これを執筆したのが、文部省教科書編修官・喜田貞吉であった。

この教師用書を入手し、注意深く読んでいた人物がいた。峰間《みねま》鹿水《ろくすい》（一八七三〜一九四九）、本名を峰間信吉という。当時の文献では、「峯間」と表記されている場合もある。

峰間は、茨城県鹿島郡軽野村《かるのむら》（現・神栖市《かみす》）出身の教育者である。「一個の小学教員」を自称したことがあったが、一九一〇年末における肩書は、東京市富士前尋常小学校訓導兼校長である〔石田 1933〕。峰間は、前記教師用書を読んで、南北朝に関する文部省の見解を確認し、南朝を正統とする立場から文部省批判の決意を固めた〔峰間・小泉 1933〕。

同年一一月、東京高等師範学校を会場に、中等教員を対象とする地歴講習会が開催された。その講師のひとりとして喜田貞吉は、一一月一〇日から一二月一日まで、「普通教育上の歴史科」と題する講話をおこなった。喜田によれば、このとき聴講していた峰間信吉から「辛辣なる質問」を受けたという〔喜田 1933〕。

一二月二六日、飯田河岸《いいだがし》富士見楼で「茨城県教育関係者懇談会」が開かれた。この席で峰間信吉は、国定教科書の記述を批判する見解を表明した。さらに同月三一日午後、峰間は小松原英太郎文相を官邸に訪ねて面談、「小学国史の不都合を警告した」という〔峰間・小泉 1933〕。

南北朝正閏問題に火をつけたのは、実に、この峰間信吉であった。峰間は、ただの小学校訓導ではなかった。水戸学の思想的伝統を継ぐ思想家であり、文部省編修官の喜田貞吉に対しても果敢に論争を挑む歴史家であり、報道関係者や政治家に対する働きかけを厭わない精力的な活動家でもあった。

年があけた一九一一年（明治四四）一月一九日、『読売新聞』に「南北朝対立問題（国定教科書の失態）」と題する社説が載った。その末尾には、（半嶺子）という署名があった。執筆したのは、読売新聞の教育記者・豊岡茂夫（号・半嶺）である〔峰間 1914〕。峰間の語るところでは、この社説は、峰間の依頼ないし勧奨によるものだったという。執筆したのは豊岡だが、事前に峰間が要点を口授していたともいう〔峰間・小泉 1933〕。

その前日の一月一八日、幸徳秋水らが裁かれた「大逆事件」の判決があった。一月二四日、幸徳秋水ら十一名に死刑執行、二五日、管野スガに死刑執行。

一月二四日の夜、峰間信吉は、「大逆事件に関し桂首相等に呈して国民道徳振興を議するの書」を草し、桂太郎首相、小松原英太郎文相ほかに発送する。同書簡中には、「南北両朝を同一視する如き官定歴史を見るに至れる日本は、延《ひ》いて君臣の大義に累《るい》を及ぼせり」という一節があった〔横山 1933〕。文部省の歴史教育が、君臣の大義を失わせ、それが大逆事件を生んだという論理である。実は、半嶺子署名の社説にも、「皇位は唯一神聖にして不可分なり」という字句があった〔峰間 1914〕。峰間は、この問題を大逆事件と結びつけることで、大きな「政治問題」にしようと画策していたのである。

喜田貞吉によれば、この死刑執行のころから、自宅に「いろいろな脅迫状」が舞い込むようになったという。そのうち、岡山の消印のある脅迫状には、「汝等は幸徳の一味ならん。……尊氏の二の舞を世人にすゝめ、千歳《せんざい》の後邦家《ほうか》を覆《くつがえ》さしめんことを企てたり。其の罪逆賊に譲らず」などとあったという〔喜田 1933〕。文部省の歴史教育は、足利尊氏のような逆賊を生むという論理であり、基本的には、先ほどの峰間書簡と同様の論理である。

一月二七日、文部省は、教科書の執筆者である喜田貞吉を休職処分とした。文部大臣の小松原英太郎は、喜田と親しい関係にあり、その南北朝並立論を支持していたという〔喜田 1933〕。喜田は、その小松原によって切られたのである。

休職処分を受けて数日後、文部省を訪ねた喜田は、小松原文相から意外なことを聞く。

明治天皇から、南北朝正閏の問題は、一八九一年〔明治二四〕に「南朝正位」ということで決裁している〔「皇統譜凡例並に書式勅定」を指すとされるが未確認〕旨の指摘があったという〔喜田 1933〕。事実上の「南朝正位」支持である。これによって、政府中枢における空気は、大きく南朝正位論に傾いたことは、想像に難くない。喜田貞吉に対する休職処分も、そうした背景の中で決定されたのであろう。それにしても、「北朝」の系統を継ぐ明治天皇が、なぜ「南朝正位論」を支持したのだろうか。

問題が「政治問題化」したあとの展開については、紙数の関係で説明を省く。ただ、南朝・北朝のいずれが正位で、いずれが閏位かという「南北朝正閏論争」に関しては、一九一一年七月にいたって、南朝を正位とすることで、ようやく決着を見たこと〔山崎・堀江 1911〕は記しておかねばなるまい。

＊　＊　＊

地歴講習会の席で、峰間信吉から質問を受けたとき、喜田貞吉は、この問題が政治上の重大問題にまで発展するとは予想もしなかったはずである。

東京高等師範学校で開かれた地歴講習会の席上、喜田貞吉と峰間信吉との間に、どんなヤリトリがあったかはわからない。しかし、その後の峰間がとった過激とも言える行動から判断して、喜田がこのとき、何か、峰間の闘争心を煽るような態度をとった可能性も否定できない。

このことと関連して、喜田貞吉の人柄について、少し触れておきたい。喜田の人柄については、喜田貞吉『賤民とは何か』（河出書房新社、二〇〇八年）の解説の中で紹介しておいた〔礫川 2008〕。喜田は、良く言えば意思が強いところ、悪く言えば妥協性に乏しいところがあった。特に、学問上のことに関しては「剛情」なところがあった。民俗学者の中山太郎が、ある席で、「喜田先生はあまり剛情のため同僚との和を欠き」云々と発言したところ、しばらくしてから、ご本人から手紙が舞い込んだ。そこには、「喜田から剛情をとったら何が残る」とあったという〔中山 1939〕。

そうした喜田貞吉の性格からして、地歴講習会の席上、峰間信吉の主張を一蹴する、峰間と激しくやりあう、などのことが、あるいは、あったのかもしれない。

そうした剛情な一面を持っていた喜田貞吉だが、その一方で、内省力というのか、みずからを冷静に振りかえることができるチカラも備えていたようだ。喜田が、みずから語るところを聞こう。

……松村瞭君をはじめ会衆の誰彼が自分を目してO型に違ひない、調べて御覧なさいといふ。世間の人は自分を以て如何にも意地つ張りな頭の堅い人間のやうに思つて居るらしい。併し自分はどこまでもA型であることを主張した。己を知るものは己に如かず、自ら信ずる所、自分は至つて内気なおとなしい、用心深い取越苦労をする遠慮勝《がち》の、弱い弱い人間なのだ。実際子供の時分には、いつも友達に泣かされ、何か事があると、いつも指をくはへて後方に引込んで居たものだつた。それが如何にも無遠慮な、向ふ意気の強さうに見えるやうになつたのは、主として環境が自分をいぢめつけて、こんないぢけた人間にしてしまつた、だと弁明した事であつた。さていよいよ血液を取つてA型血清を加へて見ると忽ち溶解し、B型血清を加へて見るとすぐに凝結してしまつた。予想通り正にA型なのだ。

これは、喜田貞吉の「学窓日誌」の一部である。当時、「血液型と気質」相関説が唱えられており、その説を唱えていた古川竹二文学士に、自分の血液型を判定してもらった日の日誌だという〔古川 1932〕。「血液型と気質」相関説の当否は暫く措くとして、喜田が、「己を知るものは己に如かず」と言っているところ、自分は本当は「至つて内気なおとなしい、用心深い取越苦労をする遠慮勝の、弱い弱い人間なのだ」と正直に認めているところが興味深い。

＊　＊　＊

以上が、「文庫版」発行に際しての補足である。読者諸氏には、こういったことも念頭に置かれながら、喜田貞吉という学者について認識を深めていただき、喜田貞吉という学者に親しみを感じていただければと願っている。

【参考文献】

●石田吉三編「峰間鹿水氏年譜」、横山健堂編『峰間鹿水伝』峰間氏還暦祝賀会記念刊行会、一九三三年九月
●宇野俊一「南北朝正閏問題」、国史大辞典編集委員会編『国史大辞典第十巻』吉川弘文館、一九八九年九月
●喜田貞吉『還暦記念 六十年の回顧』喜田貞吉、一九三三年四月
●礫川全次「解説賤民史研究の意義」、喜田貞吉『賤民とは何か』河出書房新社、二〇〇八年三月
●中山太郎「強く生きた人」、『歴史地理』第七四巻第二号、一九三九年八月
●古川竹二『血液型と気質』三省堂、一九三二年一月
●峰間鹿水編『国定教科書に於ける南北朝問題始末豊岡半嶺君事功』文学協会、一九一四年一一月
●峰間信吉口述・小泉竹雨庵補修「峰間信吉自叙伝」、横山健堂編『峰間鹿水伝』峰間氏還暦祝賀会記念刊行会、一九三三年九月
●山崎藤吉・堀江秀雄編『南北朝正閏論纂』鈴木幸、一九一一年一一月

＊本文庫は、喜田貞吉『被差別部落とは何か』（河出書房新社、二〇〇八年二月刊）を底本とします。

被《ひ》差《さ》別《べつ》部《ぶ》落《らく》とは何《なに》か

二〇一九年 五 月一〇日　初版印刷
二〇一九年 五 月二〇日　初版発行

著　者　喜《き》田《た》貞《さだ》吉《きち》
発行者　小野寺優
発行所　株式会社河出書房新社
〒一五一－〇〇五一
東京都渋谷区千駄ヶ谷二－三二－二
電話〇三－三四〇四－八六一一（編集）
〇三－三四〇四－一二〇一（営業）
http://www.kawade.co.jp/

ロゴ・表紙デザイン　粟津潔
本文フォーマット　佐々木暁
本文組版　株式会社ステラ
印刷・製本　凸版印刷株式会社

Printed in Japan ISBN978-4-309-41685-4

弾左衛門とその時代

塩見鮮一郎　40887-3

幕藩体制下、関八州の被差別民の頭領として君臨し、下級刑吏による治安維持、死牛馬処理の運営を担った弾左衛門とその制度を解説。被差別身分から脱したが、職業特権も失った維新期の十三代弾左衛門を詳説。

弾左衛門の謎

塩見鮮一郎　40922-1

江戸のエタ頭・浅草弾左衛門は、もと鎌倉稲村ヶ崎の由井家から出た。その故地を探ったり、歌舞伎の意休は弾左衛門をモデルにしていることをつきとめたり、様々な弾左衛門の謎に挑むフィールド調査の書。

異形にされた人たち

塩見鮮一郎　40943-6

差別・被差別問題に関心を持つとき、避けて通れない考察をここにそろえる。サンカ、弾左衛門から、別所、俘囚、東光寺まで。近代の目はかつて差別された人々を「異形の人」として、「再発見」する。

差別語とはなにか

塩見鮮一郎　40984-9

言語表現がなされる場においては、受け手に醸成される規範と、それを守るマスコミの規制を重視すべきである。そうした前提で、「差別語」に不快を感じる弱者の立場への配慮の重要性に目を覚ます。

賤民の場所　江戸の城と川

塩見鮮一郎　41052-4

徳川入府以前の江戸、四通する川の随所に城郭ができる。水運、馬事、監視などの面からも、そこは賤民の活躍する場所となる。浅草の渡来民から、太田道灌、弾左衛門まで。もう一つの江戸の実態。

貧民に墜ちた武士　乞胸という辻芸人

塩見鮮一郎　41239-9

徳川時代初期、戦国時代が終わって多くの武士が失職、辻芸人になった彼らは独自な被差別階級に墜ちた。その知られざる経緯と実態を初めて考察した画期的な書。

吉原という異界

塩見鮮一郎　41410-2

不夜城「吉原」遊廓の成立・変遷・実態をつぶさに研究した、画期的な書。非人頭の屋敷の横、江戸の片隅に囲われたアジールの歴史と民俗。徳川幕府の裏面史。著者の代表傑作。

部落史入門

塩見鮮一郎　41430-0

被差別部落の誕生から歴史を解説した的確な入門書は以外に少ない。過去の歴史的な先駆文献も検証しながら、もっとも適任の著者がわかりやすくまとめる名著。

被差別小説傑作集

塩見鮮一郎　41444-7

日本近代文学の隠れたテーマであった、差別・被差別問題を扱った小説アンソロジー。初めてともいえる徳田秋声「藪こうじ」から島木健作「黎明」までの11作。

被差別文学全集

塩見鮮一郎〔編〕　41474-4

正岡子規「曼珠沙華」、神近市子「アイデアリストの死」から川端康成「葬式の名人」、武田繁太郎「風潮」の戦後まで、差別・被差別問題を扱った小説アンソロジーの決定版。

性・差別・民俗

赤松啓介　41527-7

夜這いなどの村落社会の性民俗、祭りなどの実際から部落差別の実際を描く。柳田民俗学が避けた非常民の民俗学の実践の金字塔。

サンカの民を追って

岡本綺堂 他　41356-3

近代日本文学がテーマとした幻の漂泊民サンカをテーマとする小説のアンソロジー。田山花袋「帰国」、小栗風葉「世間師」、岡本綺堂「山の秘密」など珍しい珠玉の傑作十篇。